Tee

Tee

Viola von Wachendorf

Inhalt

In China nennt man sie „Grüne Päonie" oder auch „Teerose", benannt nach der Blüte der Pfingstrose.

Im Schatten des Mount Everest und der Bergriesen des Himalaya wachsen einige der begehrtesten Teesorten der Welt.

Vorwort

Tee ist neben Wasser das am häufigsten konsumierte Getränk. Auf der ganzen Welt wird jeden Tag Tee getrunken. Für die einen ist es einfach nur ein Getränk, für die anderen eine Philosophie. Manchen dient Tee als erfrischender Durstlöscher, andere verbinden mit der Zubereitung festgelegte und zum Teil aufwändige Rituale. Ob pur oder mit Sahne oder Zitrone, gesüßt oder nicht – das ist eine Frage des Geschmacks.

Das Wort „Tee" stammt aus dem Chinesischen und kommt heute in fast allen Sprachen der Welt vor. In allen Ländern, die durch Seefahrer das beliebte Getränk kennen lernten, heißt das Wort Tee oder beispielsweise „tea" im Englischen, „thé" im Französischen, „tè" im Italienischen. In Ländern, die den Tee auf dem Landweg bekamen, ist die Bezeichnung „Tscha" für Tee wie im Chinesischen geläufig. „Tschai" ist die Ableitung des Wortes im indischen, arabischen und slawischen Sprachraum.

Die Bezeichnung Tee gilt ausschließlich für den Aufguss von schwarzem oder grünem Tee. Vielfach werden auch Aufgussgetränke aus anderen Pflanzen als Tee bezeichnet. Im Prinzip wäre für Kräuter- oder Früchtetees „teeähnliche Getränke" die korrekte Bezeichnung.

Dieses Buch ist ein kleiner Streifzug durch die wunderbare und vielfältige Welt des Tees. Tee ist viel mehr als nur ein – meist – heiß genossenes Aufgussgetränk. Tee ist ein Stück Kultur, ein Stück Geschichte – eine lange, bewegte und manchmal unruhige Geschichte. Wegen Tee wurden Kriege geführt. Bei einer Tasse Tee wurde oftmals über die Geschicke der Welt und der Menschen entschieden, wurden Kaiser und Könige gestürzt, es wurden Friedensverträge geschlossen und sogar Kriegserklärungen unterschrieben.

Tee ist aber außerdem Genuss- und Heilmittel. Seit rund zweieinhalb Jahrtausenden wird Tee im Reich der Mitte kultiviert. Der Teestrauch ist damit die wohl älteste Kulturpflanze der Menschheit.

Lassen Sie sich also mitnehmen auf eine Reise zu den Ursprüngen des Tees, und folgen Sie seinem Siegeszug durch die Jahrhunderte und rund um den Globus.

Erfahren Sie Wissenswertes und Interessantes über Anbaumethoden und Ernte, Verarbeitung und Sortierung. Bereisen Sie mit uns die berühmten Anbaugebiete in Asien, Afrika und Südamerika. Lernen Sie die unterschiedlichen Teesorten, Qualitäten und Mischungen kennen. Holen Sie sich viele praktische Tipps und Anregungen für die richtige Zubereitung Ihres Lieblingstees. Lassen Sie sich für ein paar Seiten entführen in die wunderbare, exotische Welt unterschiedlichster Teezeremonien, Teerituale und Teehäuser. Machen Sie es sich bequem, und genießen Sie die Lektüre – am besten ganz entspannt mit einer schönen Tasse Tee, und denken Sie an die weisen Worte des legendären chinesischen Kaisers und Gelehrten Shen Nung:

„Tee weckt den guten Geist und
die weisen Gedanken.
Er erfrischt deinen Körper und
beruhigt dein Gemüt.
Bist du niedergeschlagen, wird
Tee dich ermutigen."

Eine klassische Teeplantage in Asien. Zwischen den dichten grünen Reihen der Teesträucher schlängeln sich schmale Pfade durch den Teegarten für die Pflückerinnen.

Die Geschichte des Tees

Ihren Ursprung hat die wohl älteste Kulturpflanze der Welt in China. Seit ca. 2500 Jahren wird in China Tee angebaut. Noch heute wird jedem Gast zur Begrüßung als Zeichen der Freundschaft eine Schale Tee gereicht. Tee gehört in China zu jeder Mahlzeit. Das Getränk dient vor dem Essen als Erfrischung und nach dem Essen als Verdauungshilfe.

Angeblich soll der Teestrauch bereits vor 5000 Jahren bekannt gewesen sein. Die ältesten gesicherten Daten stammen aus dem Jahr 221 v. Chr. Schriftrollen dokumentieren die Einführung einer Teesteuer. Nach dem Jahr 879 waren Salz- und Teesteuer die Haupteinnahmequellen des Staates.

Wie der Tee entdeckt wurde

Zahlreiche Erzählungen berichten über die Entdeckung des Tees. So soll der Legende nach Kaiser Shen Nung (2737–2697 v. Chr.), der nur abgekochtes Wasser trank, den Tee entdeckt haben. Eines Tages wehte der Wind drei Blätter eines Teestrauches in seine Schale. Diese färbten das Wasser goldbraun. Der Kaiser kostete und fand es belebend und erfrischend. Von diesem Tag an soll er das köstliche Getränk täglich genossen haben.

Shen Nung zählte in China zu den drei gelben Kaisern. Sie waren Götter, die früher als Menschen gelebt und den Menschen das Wissen gebracht haben. Der „Himmlische Landmann", wie er in China auch genannt wurde, brachte das Wissen über die Getreidearten Hirse, Weizen, Sorghum, Soja und Reis ins Land und gilt als Begründer der chinesischen Kräuter-

Tee! Die unscheinbaren getrockneten Blätter geben ihr ganzes Geheimnis erst preis, wenn sie mit heißem Wasser aufgebrüht werden.

Wie ein grüner Mantel umschmiegen die sattgrünen Teesträucher die sanften Hügel der Plantage.

heilkunde. Fu Shi, der erste gelbe Kaiser, führte das Wissen über Yin und Yang ein. Der zweite Kaiser Huang Ti lehrte die Akupunktur.

Eine andere Legende ist japanischer Herkunft. Sie berichtet von der Entdeckung des Tees durch Bodhidharma (495 n. Chr.). Er war der dritte Sohn des indischen Königs Kaisawo und erster Missionar des Buddhismus in China. Als ihm bei seiner Meditation vor Müdigkeit die Augen zufielen und er einschlief, war er bei seinem Erwachen so zornig über seine eigene Schwäche, dass er sich beide Augenlider abschnitt und sie auf den Boden warf. Diese schlugen Wurzeln, und aus jedem Augenlid wuchs ein Strauch mit grünen Blättern. Der buddhistische Würdenträger kostete davon, seine Müdigkeit verschwand, und er fühlte sich wundersam gestärkt. Das Schriftzeichen „Cha" gilt in Japan für Tee und Augenlid.

Die Inder glauben an die wundersame Entdeckung des Tees durch den Missionar Darma. Er soll auf seiner siebenjährigen Pilgerreise nach China folgendes Gelübde abgelegt haben: Er gelobte, während seiner Reise nachts statt zu schlafen zu meditieren. Dadurch erhoffte er sich bei seiner Missionsarbeit den Beistand des Himmels. Als ihn nach fünf Jahren die Müdigkeit überfiel, erhob er sich und ging zwischen den Teesträuchern spazieren. Wie er deren Blätter zerkaute, fiel die Müdigkeit von ihm ab, und er konnte die beiden letzten Jahre ohne Schlaf verbringen.

Ob man nun den Legenden und Geschichten Glauben schenkt oder nicht, jedenfalls sieht man heute China als Ursprungsland des Tees an. Hier wurde die Teepflanze zuerst kultiviert.

In der Song-Dynastie wurden die Teeblätter gedämpft, zu Pulver gemahlen, in unterschiedlichste Formen gepresst und aufwändig verziert.

Die Entwicklung in China

Die Teepflanze diente zur Zeit der Han-Dynastie (206 v. Chr.–220 n. Chr.) zunächst als Medizin, Nahrungsmittel und Opfergabe. Grüner Tee galt bei den Chinesen als wirkungsvolle Arznei bei Müdigkeit, Kopfschmerzen, Konzentrations- und Sehschwäche, Rheuma und Blasenerkrankungen.

Der erste Teemeister

In der Tang-Dynastie (618-907) wurde der Heiltrank Tee wegen seiner anregenden Wirkung vor allem von Mönchen, Literaten, Poeten und Malern geliebt. Sie schufen Lieder, Gedichte und Geschichten, die bis heute erhalten sind. Es war die Zeit von Lu Yu, dem größten Teemeister. Er wuchs als Waisenkind in einem buddhistischen Kloster auf. Seine große Liebe galt dem Theaterspielen, dem Schreiben und der Teekunde. Seine Niederschrift über die Entstehung des Tees entstand im 8. Jahrhundert und umfasst mehrere Bände. In seiner Abhandlung, auch „Heilige Schrift vom Tee" genannt, sind 24 verschiedene Requisiten für die Teezubereitung beschrieben. Dazu gehörte Teezubehör wie Schalen zum Teetrinken oder Gefäße zum Wasserkochen aus Porzellan.

Der Verfasser der Lobeshymne auf das inzwischen überaus beliebte Getränk wurde viele Generationen hindurch als der Schutzpatron des Tees verehrt. Das Werk des Dichters leitete eine neue Form der Teezubereitung ein. Bisher wurde der Tee zunächst im Wok geröstet, im Mörser pulverisiert und anschließend nicht nur mit Milch, sondern auch mit Reis und den verschiedensten Zugaben wie etwa Zimt, Ingwer, Jasmin oder Orangenschalen gemischt. Lu Yu selbst bevorzugte den Tee ohne Zugabe von Milch und Gewürzen. Doch legte er großen Wert auf die Qualität. Der Tee, der bis dahin unter vielen Bezeichnungen bekannt war, erhielt nun den einheitlichen Namen „cha".

Erste Blütezeit

Während der Song-Dynastie (960–1279) erreichte die Teekunst ihren Höhepunkt. Nach alter Tradition wurden besonders feine und hochwertige Produkte jeder Provinz dem Kaiser als Tribut geliefert, der so genannte Tributtee. So kam auch jedes Jahr aus den Teeanbaugebieten Frühlingstee an den Hof. Der kaiserliche Tee wurde auf spezielle Weise hergestellt und erhielt einen besonderen Namen. Er hatte keine symbolische Bedeutung, sondern war die Qualität für Kaiser und Hof.

Während in der Tang-Zeit die Teeblätter noch zerhackt, gemahlen und zu Tafeln geformt wurden, wurden sie in der Song-Dynastie gedämpft, zu Pulver verarbeitet und anschließend in die verschiedensten Formen gepresst. Die runden und ovalen medaillonförmigen Teeplatten gab es dann in unterschiedlichen Ausführungen. Besonders beliebt waren die Verzierungen mit Drache und Phönix, den Symbolen des Kaiserpaares.

In der Song-Zeit nahm die Begeisterung für Tee stetig zu. So gab Kaiser Huizong ein Vermögen für guten Tee aus und verfasste ein Teebuch. Auf 20 Rollen beschrieb er den Umgang mit den Gerätschaften sowie die von ihm bevorzugten Qualitäten und regte das Volk an, sorgfältiger mit Tee umzugehen. Er verfasste zudem eine Abhandlung über 20 verschiedene Sorten, die ihm als die edelsten erschienen. Huizong war Maler und Kalligraf, der Bilder mit Teemotiven malte und dazu Gedichte schrieb.

Tee wird zum Volksgetränk

Teetrinken war jetzt nicht mehr nur den Wohlhabenden und Angehörigen des Hofes vorbehalten. Teekunst wurde nun im ganzen Land gepflegt. Ein populäres Spiel wurde der „Teekrieg", ein Vorläufer der Teewettbewerbe, die es heute noch gibt. Bei diesem Teekrieg wurde ein Stück Ziegeltee in weißes Papier eingeschlagen und durch Klopfen zerkleinert, mit einem Teemesser fein geschnitten und im Mörser pulverisiert. Anschließend gab man das Pulver durch ein feines Sieb. Je feiner das Pulver war, desto besser konnte es auf dem Wasser „schweben" und „Blüten" bilden. Man gab das Teepulver in eine vorgewärmte Schale und rührte es mit etwas heißem Wasser zu einer Paste. Jetzt begann der Vorgang, den man „Wasser punkten" nennt. In kurzen Abständen wurde Wasser tröpfchenweise hinzugegeben und mit dem Teebesen geschlagen.

Eine ausgewählte Jury achtete auf den Farbton und das Gleichmaß der „Blume". Diese sollte von weißer Farbe sein. Außerdem wurde noch bewertet, wie lange das Teepulver am Schalenrand haften bleibt. Je länger es sich hielt, desto positiver war das Urteil der Jury.

Der Teebesen aus Bambus ist aus der traditionellen Teezeremonie in Japan nicht wegzudenken. Mit dem Besen wird der Tee gerührt bzw. geschlagen.

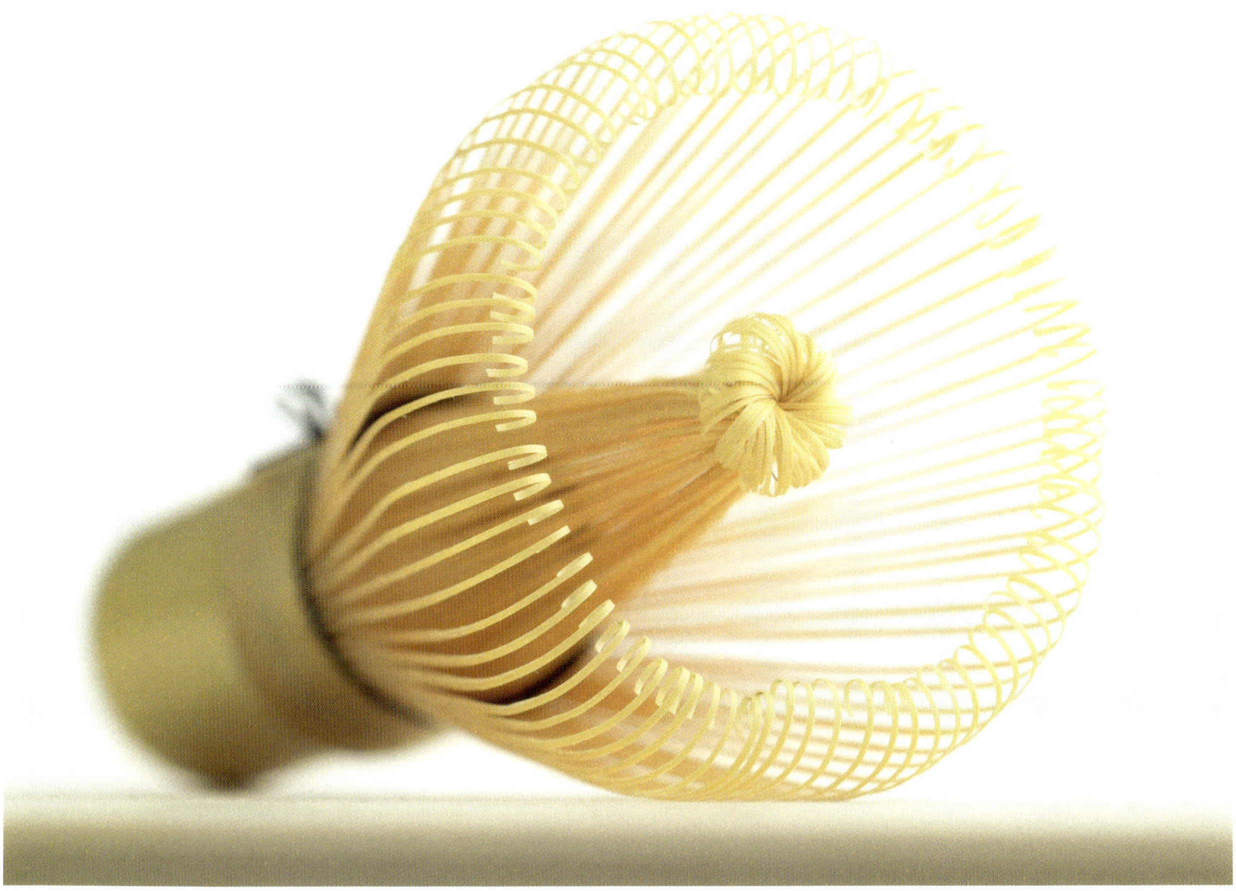

Während der Yuan-Dynastie (1271–1368) eroberten die Mongolen China. Der pulverisierte Tee verschwand, und die naturbelassenen Sorten wurden immer beliebter. Es entstand die noch heute gebräuchliche Herstellungsmethode von dampferhitztem Grüntee.

Neue Verfahren der Herstellung

In China wurde bis zur Ming-Dynastie ausschließlich grüner Tee hergestellt. Erst als der Tee weite Reisen überstehen musste, entwickelten chinesische Teebauern den schwarzen, fermentierten Tee. Während der Ming-Zeit (1368–1644) begann in China eine erneute Blütezeit der Kultur. Weitere Herstellungsverfahren für Tee wurden entwickelt. Man trocknete das Blattgut an der Sonne oder röstete es in einer Pfanne.

Entwicklung der Keramik

Die neue Art der Teezubereitung hatte auch Einfluss auf die Gerätschaften. Während man früher Tee in einem Topf oder einer Kanne gekocht hatte, brühte man ihn nun in einer Deckeltasse oder Kanne direkt mit heißem Wasser auf. Ab diesem Zeitpunkt wurde die Teekanne zum wichtigsten Gegenstand bei der Zubereitung von Tee. Die ersten Teekännchen waren gebrannte Keramiken aus dem Yixing-Gebiet. Die Lehmvorkommen in dieser Gegend liefern den Grundstoff für die einzigartige Qualität der inzwischen zu Weltruhm gelangten Teekeramik. Der Ton, den man in ganz China nur in dieser Gegend findet, tritt in drei Farbklassen auf: „Red Soil" (roter Lehm), „Purple Soil" (dunkelbraun-violetter Lehm) und „Green Soil" (ockerfarbener Lehm).

Durch Mischungen und unterschiedliche Brenntemperaturen werden die verschiedensten Farbschattierungen erzeugt. Die handgefertigten Teekännchen zeichnen sich durch Verzierungen bzw. aufgemalte Kalligrafien wie auch naturalistische Verzierungen aus. Bis heute ist die Stadt Yixing mit ihren zahlreichen Werkstätten das Mekka der Teeliebhaber aus aller Welt. In Yixing selbst trank man nicht aus Schälchen oder Gläsern, sondern aus den Kännchen, die klein und zierlich waren. Man benötigte nur das eine Gerät. Klein sollten die Kännchen schon immer sein, in großen Kannen verfliegt der kostbare Duft zu schnell.

Auch die Teezeremonie, die bisher in den Klöstern zelebriert wurde, fand jetzt Eingang in die Gesellschaft. Man hatte im Haus einen kleinen Teealtar und entzündete dort Räucherstäbchen, um die Luft zu reinigen, bevor man Tee trank.

In der Qing-Dynastie (1644–1911) fand der Tee seinen Weg als Handelsware in die Welt. Nun wurden die Methoden zur Herstellung von schwarzem Tee erfunden, wie die folgende Geschichte erzählt. Ausländische Truppen besetzten während des Opiumkrieges eine Teefabrik, um sie als Vorratsraum zu benutzen. In der Halle lag das frisch geerntete Blattgut, das niemand beachtete. Die Teeblätter begannen zu gären, der Fermentierungsprozess setzte sich in Gang, und ein starker Duft verbreitete sich. Endlich gestatteten die Soldaten dem Teebauern, nach seinem Tee zu sehen. Dieser versuchte nun, den „misslungenen" Tee auf dem Markt feilzubieten. Schon nach kurzer Zeit war der Tee verkauft.

Der Wandel in der Art der Teezubereitung zeigt sich auch in der Entwicklung der verwendeten Keramik. In der Deckeltasse wurde der Tee direkt mit heißem Wasser aufgebrüht.

Der Tee erobert Japan

Die Chinesen besaßen das Teemonopol, bis buddhistische Mönche zwischen 520 bis 800 n. Chr. den Tee nach Japan brachten. Es liegt die Vermutung nahe, dass die Zen-Mönche die Teeblätter unter ihren weiten Gewändern über die Grenze schmuggelten.

Anderen Überlieferungen nach sollen im Jahr 801 n. Chr. die buddhistischen Mönche Saicho und Kukai die ersten Teesamen nach Japan gebracht haben. Zunächst wurde Tee auch als Arznei verwendet. In den Klöstern nutzten ihn die Mönche als Stimulans bei der Meditation.

Das kostbare Gut blieb zuerst der kaiserlichen Familie und der Oberschicht vorbehalten. Die kaiserlichen Teegärten lagen hinter hohen Mauern und wurden strengstens bewacht. Ab dem 12. Jahrhundert verbreitete sich dann der Tee auch im Volk.

1211 verfasste der Japaner Eisai (1141–1215), ein buddhistischer Mönch, der einige Jahre in China gelebt hatte, das zweibändige Buch „Kissayojoki". Er beschrieb darin den Tee als lebensverlängerndes Mittel: „Um das Leben zu pflegen, ist der Tee ein wahrer Heiltrank, ein Wundermittel, das Leben zu verlängern."

Priester Eison (1201–1290) brachte im Jahr 1262 ein Teeopfer in Nara dar, das noch heute jedes Jahr erneuert wird. Er schenkte den Tee an Arme und Kranke aus.

Im 14. Jahrhundert wurde Teetrinken zum Statussymbol für die Schwertadeligen. In prächtigen, mit kostbaren Gerätschaften geschmückten Räumen fanden groß angelegte Teewettbewerbe statt. Tausende von Gästen nahmen an mehreren Tagen Kostproben der verschiedensten Teesorten. Dabei wurde das Erkennen der Teesorten mit Preisen ausgezeichnet. Es waren pompöse Ereignisse.

Die wichtigste Entwicklung der Teezeremonie (Chanoyu) ist die Entstehung des Teewegs (Chado) in Verbindung mit Zen und Taoismus, die Lehre des Teewegs. Die Hauptbegründer sind drei Persönlichkeiten: Murata Shuko (1422–1503), Takeno Joo (1504–1555) und Sen no Rikyu (1522–1591). Die Kunst der Teezubereitung und des Teetrinkens wird nun als Schulungsweg verstanden, um spirituell-geistig Höheres zu erreichen. Die Teezeremonie ist keine ästhetische Spielerei.

Murata Shuko stammte aus Nara, ging später nach Kyoto in ein buddhistisches Kloster und studierte ab 1474 Zen-Buddhismus. Ausschlaggebend war seine Begegnung mit dem berühmten Zenmeister Ikkyu (1394–1481). Bei ihm fand regelmäßig eine Art Kultursalon statt, zu dem sich Intellektuelle, Künstler, Schriftsteller, Dichter, Maler und No-Spieler versammelten. Shukos größtes Verdienst war die Verbindung von Tee und Zen. So begann er als Erster, statt der bisher üblichen Bilder Schriftrollen bedeutender Zen-Meister in die Bildnische (Tokonoma) im Teeraum zu hängen. Eine Besinnung auf die einfachen wesentlichen

Tee hat in Japan eine lange Tradition. Um 1211 beschrieb der buddhistische Mönch Eisai Tee als „lebensverlängerndes Heilmittel".

Dinge des alltäglichen Lebens, eine Wendung nach innen. Ihm ist auch die erste Gestaltung eines Teeraumes zu verdanken. Mit Shuko wurde der Teeraum verkleinert und sparsamer dekoriert. Er bevorzugte die Schönheit einfacher Materialien und Gegenstände. Für ihn stand das harmonische Zusammensein zwischen Gastgeber und Gästen im Vordergrund. Es ist der Anfang des so genannten Wabi- bzw. Sabi-Stils. Die Entdeckung der Schönheit in Einfachheit, Einsamkeit und Armut, dazu der bewusste Verzicht auf Luxus und Komfort, die Forderung nach Selbstdisziplin und Demut.

Diese Ideen wurden von Takeno Joo weitergeführt. Bevor er mit dem Chado in Berührung kam, war er bereits ein etablierter Dichter. Er studierte den Teeweg der Shuko-Schule (bei den Schülern von Shuko). Er behielt zwar den strengen Teestil der alten Tradition weiter bei, aber ihm waren jedoch Bescheidenheit und Schlichtheit des neuen Wabi-Stils wichtig. Die Abkehr von Äußerlichkeiten stand in engem Zusammenhang mit der Bevorzugung schnörkelloser und einfacher Gegenstände und Gerätschaften. Joo führte die Verkleinerung des Teeraums weiter. Er legte großen Wert auf die Gestaltung des Gartens im Sinne der abgesonderten spirituellen Welt – „Einsiedlerhütte in einer Großstadt".

Zu höchster Blüte in ethischer und ästhetischer Beziehung brachte Sen no Rikyu den Teeweg. Er gilt als größter Teemeister seiner Zeit. Bereits mit 19 Jahren wurde er von Joo in der Teekunst unterwiesen und studierte Zen. Er wurde Teemeister bei Nobunaga, dem mächtigsten Feudalherrn in dieser Zeit. Danach war Rikyu für dessen Nachfolger Hideyoshi tätig. Rikyu bevorzugte japanische Gerätschaften anstelle chinesischer. Mit dem Töpfer Raku entwickelte er eine neue, von Hand geformte Teekeramik mit pechschwarzer oder roter Glasur ohne Dekor, die seiner Vorstellung des Wabi-Stils entsprach. Wohl aufgrund politischer Intrigen musste Rikyu schließlich Selbstmord, Seppuku, begehen. Doch seine Form des Teeweges wurde durch seine Nachfahren und Schüler von Generation zu Generation weitergegeben. Daraus haben sich verschiedene Schulen entwickelt, die sich bis heute erhalten haben. Eine der großen alten Schulen für den Teeweg ist Urasenke. Das derzeitige Oberhaupt der Familie, Sen Soshitsu, ist ein Nachkomme Rikyus in der 16. Generation.

Holzkohlezeremonie: Zu Beginn der Teezubereitung wird frische Holzkohle in die Feuerstelle gelegt.

Der Weg nach Europa

Ab dem 16. Jahrhundert gelangte das Wissen über Anbau und Wirkung des Tees durch christliche Missionare und Seeleute nach Europa. Der Teehandel begann, als holländische Händler den Tee 1610 nach Amsterdam brachten. Offenbar stammt daher der Begriff „Orange“, abgeleitet von „Oranje“. Die Bezeichnung für Tee aus dem Chinesischen wurde von den Europäern übernommen. Zuerst wurde nur grüner Tee eingeführt. Von Holland breitete sich der Teehandel dann rasch nach Italien, Frankreich, Deutschland und Portugal aus. Nach Russland wurde der Tee von China durch Karawanen über die Seidenstraße exportiert. Dort wurde er mit „cha“ bezeichnet.

Mit dem Teeimport wurde auch kostbares chinesisches Teeporzellan auf den europäischen Markt gebracht. Die ursprünglichen Teetassen hatten in Europa keine Handgriffe (Henkel), wie es in Japan und China heute noch üblich ist.

Deutschland

Erstmals wurde in Deutschland um 1650 der Tee erwähnt. Es soll der niederländische Arzt Dr. Cornelius Bontekoe alias Dekker, Leibarzt von Kurfürst Friedrich Wilhelm von Brandenburg gewesen sein, der den Tee in Deutschland gesellschaftsfähig machte.

Wegen seines hohen Preises war der Tee zunächst nur dem Adel und begüterten Kreisen vorbehalten. Tee galt anfangs als Medizin gegen Blähungen, Magenverstimmungen und Gicht. So empfahl beispielsweise Bontekoe, davon bis zu 100 Tassen täglich zu trinken. Ende des 18. und zu Beginn des 19. Jahrhunderts gab es „Teegeselligkeiten“ oder „literarische Teetische“.

Weltberühmt und bei Teegenießern heiß begehrt: ein Teeservice aus chinesischem Porzellan.

Beliebt waren die Einladungen des Dichters Johann Wolfgang von Goethe zum so genannten „großen Tee". Johanna Schopenhauer, die Witwe des Philosophen Arthur Schopenhauer, veranstaltete Teetische. Zu ihren prominenten Gästen zählten unter anderem Ludwig Tieck, Christoph Martin Wieland, die Brüder Friedrich und August Wilhelm Schlegel wie zudem Fürst Pückler. Bei diesen geselligen Treffen mit Gesprächen und Vorträgen wurde auch musiziert und gezeichnet. Zu Beginn des 20. Jahrhunderts wurde der Tee schließlich auch für die einfachen Leute bezahlbar. Mit den 1930er-Jahren kam der Fünfuhrtee in Mode.

Ostfriesland

Ostfriesland gilt als Land der Teetrinker. Schon bald nachdem das fernöstliche Getränk von ihren holländischen Nachbarn eingeführt wurde, erklärten die Ostfriesen den Tee, meist mit einem Schuss Rum, zu ihrem Lieblingsgetränk. Bereits im Jahr 1753 starteten sie den ersten Direktimport. Erklärbar ist ihre Vorliebe für Tee durch die damals sehr schlechte Qualität des Wassers, das nur in abgekochtem Zustand genießbar war.

Tee ist das Lieblingsgetränk der Ostfriesen. Seit etwa 1753 haben ostfriesische Teetafeln Tradition.

König Friedrich II., der Große, wollte den Ostfriesen das Teetrinken verbieten. In seiner Verlautbarung aus dem Jahr 1777 hieß es, dass die Ostfriesen den Tee in geradezu „barbarischen Mengen" schlürften, dass er der Gesundheit schade und verboten werden müsse. Zugleich tadelte „Fridericus Rex" oder der „Alte Fritz", wie er volkstümlich genannt wurde, dass der Tee Männer und Frauen gar dazu verleite, täglich mehrere Stunden faul herumzusitzen. Doch die Ostfriesen wehrten sich, das Verbot trat nie in Kraft, und Teetrinken wurde schließlich offiziell erlaubt.

Im Jahr 1906 wurde die Ostfriesische Teegesellschaft (OTG) gegründet. Der ostfriesischen Teekultur ist in der Stadt Norden ein eigenes Museum gewidmet. Die Ausstellung gibt Einblicke in die verschiedenen Lebensbereiche, in denen Teegenuss eine Rolle spielte.

England

Die Holländer brachten den Tee nach England, der dort zum Nationalgetränk wurde.

Vor allem durch die portugiesische Königstochter Katharina von Braganza, Gemahlin des englischen Königs Charles II., wurde am Hof die Teekultur eingeführt. Die Prinzessin brachte als Mitgift eine Kiste besten Chinatee mit nach England und führte die aristokratische Gesellschaft in die Kunst des Teetrinkens ein.

Im Jahr 1669 stiegen die Engländer in das Teegeschäft ein. Die Tee-Importe liefen ab diesem Zeitpunkt über die von ihnen gegründete „East India Company". Das Teemonopol hatte bis 1833 Bestand.

Der Handel mit China war sehr strengen Regeln unterworfen. So durften Ausländer das Land nicht betreten, die Kaufleute wurden in einem Auslandshafen abgefertigt. Der aus China importierte Tee wurde zuerst mit Silbermünzen bar bezahlt. Später begann der Tauschhandel mit Opium gegen Tee, was schließlich zum Opiumkrieg führte, da die chinesische Regierung die Einfuhr des englischen Opiums stoppen wollte. In diesem Handelskrieg ging Hongkong in den Besitz der Engländer über. England besaß nun Kolonien, in denen erfolgreich Tee angebaut wurde. Durch das Einschleusen eines britischen Botanikers erlangten die Engländer schließlich das Wissen um die Fermentierung des grünen Tees in den schwarzen Tee, der in Europa bevorzugt wurde. Mit

Auch fernab der feinen Londoner Teesalons pflegten die Engländer in den Kolonien die Tradition des Fünfuhrtees. Hier eine Szene aus Indien (etwa 1910 – 1930).

Werbeplakat für Tee und Schokolade in Frankreich aus dem 19. Jahrhundert.

englischem Kapital wurden im 18. und 19. Jahrhundert in den Kolonien große Teeplantagen errichtet.

Je frischer der Tee England erreichte, desto aromatischer war er. Auch konnte er auf Auktionen umso teurer verkauft werden. Die erste Tee-Auktion fand im Jahr 1834 in der „Mincing Lane", einer engen und bis dahin unbekannten Straße in London statt. Die Strecke vom Pazifik bis zur Küste Englands entwickelte sich damals regelrecht zur Rennstrecke für die Kapitäne der Segelschiffe. Legendär sind noch heute die Wettrennen („Tea Races"), die Londoner Teefirmen jede Saison ausrichteten. Der Kapitän, der als Erster nach dem langen Seeweg mit einer frischen Ladung an Land ging, erhielt ein hohes Preisgeld.

Nach der Eröffnung des Suezkanals 1868 war der Seeweg nach Indien eröffnet. Nun kam in weniger als 100 Tagen immer mehr Tee in die Mincing Lane. Dort befinden sich noch heute die Londoner Teebörse und die Lagerhäuser der Tee-Importeure. Schon bald wurde das Trinken von Tee zur Normalität und damit Tee zu einer Ware, deren Besteuerung sich lohnte.

Frankreich

Zuerst wurde Tee in Frankreich als Heilmittel verkauft. Er galt jedoch bei der Ärzteschaft als unwirksam.

Heute ist in den Pariser Straßen und an Marktplätzen kleiner Orte der Salon de Thé ein Ort zum Verweilen. Er ist eine Alternative zu den Cafés, in denen die Gäste an der Theke stehen und in wenigen Minuten einen Kaffee zu sich nehmen.

Russland

Mitte des 17. Jahrhunderts kamen auf dem Landweg 200 Pakete Tee als Geburtstagsgeschenk für Zar Michael I. aus der Mongolei. Die Karawane zog von Peking durch die Wüste Gobi quer durch Sibirien bis zur Wolga. Ab diesem Zeitpunkt gab es einen regen Teehandel von China nach Russland. Während der Sommermonate sollen zahlreiche Kamelkarawanen zwischen China und Moskau unterwegs gewesen sein. Diesem so genannten Karawanentee sagte man eine bessere Qualität nach als dem auf dem Seeweg transportierten Tee, da dieser in feuchten, geteerten und unangenehm riechenden Lagerräumen untergebracht werden musste.

Als im Jahr 1880 in Russland eine neue Eisenbahnlinie entstand, konnte auf Teelieferungen mit Kameltrecks verzichtet werden.

In der Neuen Welt

Etwa um 1650 brachten holländische Händler den Tee nach Neu Amsterdam, dem heutigen New York. Damit die Bewohner der Stadt in den Genuss des Tees kamen, fuhren Süßwasserwagen durch die Stadt. Damals wurde nur grüner Tee getrunken, mit vielen exotischen Gewürzen angereichert. Schon bald war das Getränk so beliebt, dass es zu den so genannten „Tea-Partys" kam.

Im Zusammenhang mit dem Tee steht auch der Beginn des amerikanischen Unabhängigkeitskrieges. Als nämlich das englische Parlament alle Waren, die in die amerikanische Kolonie geliefert wurden, mit einer Steuer belegte, kam es in Amerika zum Boykott britischer Waren. Am 16. Dezember 1773 stürmten als Indianer verkleidete Anhänger einer Freimaurerloge drei Schiffe im Hafen von Boston und warfen mehr als 300 Kisten importierten Tee ins Meer, um gegen die Teesteuer zu protestieren. Dieses historische Ereignis, unter dem Begriff „Boston Tea Party" bekannt, beschleunigte den Weg Amerikas in die Unabhängigkeit.

Im Jahr 1844 gelingt Amerika der Abschluss eines chinesisch-amerikanischen Handelsvertrages. Amerika kann sich nun unabhängig von Großbritannien versorgen.

Historische Darstellung der berühmten Boston Tea Party: Am 16. Dezember 1773 kaperten als Indianer verkleidete Freimaurer drei britische Schiffe und warfen die gesamte Teeladung über Bord.

Anbau und Ernte

Häufig werden Teeplantagen terrassenartig an steilen Hängen angelegt. Die Arbeit in den Plantagen ist anstrengend und nicht ungefährlich.

Unterschiedliche Anbau- und Verarbeitungsbedingungen entscheiden über Qualität und Geschmack des Tees. Das Anbaugebiet, die Höhenlage und das Klima beeinflussen den Charakter der einzelnen Sorte. Die besten Wachstumsbedingungen für die Pflanzen sind milde Temperaturen von 18 bis 28 °C und ausreichend Sonnenschein. Während für die gehobene Qualität oftmals noch von Hand geerntet wird, hat auf den Teeplantagen die maschinelle Bewirtschaftung Einzug gehalten. Die Anbaugebiete haben je nach Lage verschiedene Erntezeiten.

Die Teepflanze

Die Teepflanzen gehören zu der Familie der Kameliengewächse und wurden ursprünglich in zwei Arten kultiviert: Camellia sinensis, so der botanische Name, ist ein strauchwüchsiges, kleinblättriges, kälteresistentes Hochlandgewächs. Die Pflanze erreicht auch ohne Beschneiden nur eine Höhe von drei bis vier Meter. Die im Jahr 1830 in Assam entdeckte, baumwüchsige Pflanze mit dem botanischen Namen Camellia assamica benötigt viel Wärme und ist ein Tropengewächs. Nicht zurückge-

schnitten kann dieser Teestrauch zu einem stattlichen Baum von 15 bis 20 Meter Höhe heranwachsen. Weltweit entstanden aus diesen beiden Ur-Teepflanzen viele Kreuzungen.
Das Blatt der Teepflanze ist immergrün, glänzend und im jungen Zustand fein behaart. Die Blüten sind weiß oder rosafarben, sie werden nicht für den Aufguss verwendet. Auch nicht in dem so genannten Blütentee. Die Früchte werden üblicherweise ebenfalls nicht verwertet, sind aber ölhaltig. In seltenen Fällen wird das Öl gewonnen. Der Teeanbau wird in tropischen und subtropischen Gebieten in Höhenlagen von 600 bis 2800 Meter betrieben.

Vermehrung und Pflege

Die Teepflanze (Teestrauch) kann auf mehrere Arten vermehrt werden. Ursprünglich geschah dies durch Samen oder Ableger, während man heute vielfach die Pflanzung mit Stecklingen von ausgesuchten Mutterpflanzen bevorzugt. Nach einem Jahr erfolgt der erste Schnitt, damit der Strauch in die Breite wächst. Drei Jahre lang werden die Pflanzen immer wieder zurückgeschnitten. Erst dann haben sie ihre endgültige Form erreicht, und es kann zum

Camellia sinensis, die Teepflanze, ist ein strauchwüchsiges, kleinblättriges und kälteresistentes Hochlandgewächs.

Tee in seiner ganzen Pracht. Die üppig wuchernde Pflanze hat ein dichtes, immergrünes Blattwerk.

ersten Mal geerntet werden. Die breite, ausladende Form erleichtert den Pflückerinnen die Arbeit, da die oberen Blätter genau in der Höhe ihrer Hand sind.

Die Teeernte

Die Teeernte ist häufig noch aufwändige Handarbeit. Früher, als Tee noch Herrschaftsgetränk war, wurden hauptsächlich wild wachsende Teebüsche bepflückt. Es wurde in China sogar versucht, Affen zum Teepflücken abzurichten, da mit Leitern in den gebirgigen Hängen nur

Die Teeernte ist oftmals noch aufwändige Handarbeit, die meist von Frauen verrichtet wird. Die Tagesmenge einer Pflückerin beträgt normalerweise etwa 30 bis 35 Kilogramm.

schlecht an die frischen Teetriebe zu kommen war. Auch heute noch fahren Bergbauern mit Booten auf Inseln in Bergseen, um wilde Teebäume zu bepflücken. Ein solcher Tee ist besonders wertvoll, da es je nach Jahr nur 40 bis 80 Kilogramm davon gibt.

In den traditionellen Anbaugebieten werden die Blätter während der Saison in verschiedensten Stadien meist von Pflückerinnen von Hand geerntet. Diese aufwändige Methode ermöglicht die traditionelle Qualitätsunterscheidung der Ernte in ältere und jüngere Blätter sowie Triebe, die in viele Sortierungsgrade unterteilt werden können. Geübte Pflückerinnen ernten täglich 30 bis 35 Kilogramm frischen Tee.

Für manche edle Teesorten werden statt der üblichen drei Blätter (eine Knospe und zwei Blätter) vier Blätter geerntet. Dabei wird streng darauf geachtet, dass besonders sorgfältig gepflückt wird, um die Blattstiele nicht zu beschädigen. So kann die Flüssigkeit gleichmäßig heraustreten. Das vierte Blatt wird erst bei der Herstellung aussortiert. Dadurch bleiben Spross und zwei Blätter bis zur Weiterverarbeitung frisch.

Verbesserung der Bedingungen

Nicht nur in der Vergangenheit, auch heute noch profitieren die Menschen in den Teeplantagen selten von ihrer harten Arbeit. Inzwischen gibt es Abkommen zwischen den Organisationen in Konsumenten- und einigen Ursprungsländern zur Verbesserung der Lebensbedingungen von Pflückern und Fabrikarbeitern. Es werden unter anderem Bildungs- und Gesundheitsprogramme unterstützt, Wohnungsbauprojekte werden gefördert.

In Darjeeling gibt es über 100 Teegärten. Jeder davon ist wie ein kleines Dorf organisiert. Die Beschäftigten leben mit ihren Familien in den Teegärten, in denen Wohnungen, Krankenhäuser, Kindergärten und Schulen vorhanden sind. Dabei sind die Leistungen dieser sozialen Einrichtungen für Familienmitglieder kostenlos.

Erntezeiten

Indische Tees, insbesondere aus dem Anbaugebiet Darjeeling, werden nur viermal im Jahr geerntet.

First Flush: Die Erntezeit ist von März bis Mitte April.

In beetween: Der etwas aromatische Tee wird von April bis Mitte Mai geerntet.

Second Flush: Der im Sommer von Mai bis Juni gepflückte Tee besitzt ein kräftiges, würziges Aroma.

Autumnal: Der im Oktober und November geerntete Tee gehört zwar nicht zu den Spitzentees, besitzt aber weiche, vollmundige Eigenschaften.

In anderen Regionen kann klimatisch bedingt das ganze Jahr über geerntet werden wie beispielsweise auf Sri Lanka (Ceylon) oder Sumatra.

Pflückerinnen ernten den weltbekannten Darjeeling-Tee. Das berühmteste Anbaugebiet Indiens liegt an den Südhängen des Himalaya.

Die Methode des Dämpfens stammt ursprünglich aus Japan. Heute wird auch in Nepal mit schonenden Dämpfverfahren experimentiert.

nun zur Fermentierung auf Tischen aufgeschüttet und feucht gehalten. Dieser Vorgang dauert etwa zwei bis drei Stunden. Der Sauerstoff der Luft verbindet sich mit den Zellsäften der Blätter. Die grüne Farbe der Teeblätter verwandelt sich in Kupferrot bzw. Dunkelbraun. Zellen, Zellsäfte und Aromastoffe werden weiter aufgeschlossen.

4. Trocknen: Nach der Fermentation werden die Teeblätter etwa 20 Minuten lang bei 85 °C mit Heißluft getrocknet.

Nach dem Trocknen folgt das Sortieren der Teeblätter über mechanische Rüttelsiebe. Dabei werden die verschiedenen Blattgrößen, der Broken-Tee und kleinste Blattteilchen getrennt. Bei Spitzenqualitäten folgt noch eine Handauslese von Stängel und Bruch.

Diese klassische „orthodoxe" Methode ist noch heute das einzige Verfahren, um schwarzen Blatttee herzustellen.

Die CTC-Methode

CTC ist die Abkürzung für englisch „crushing" (zerbrechen), „tearing" (zerreißen) und „curling" (rollen). Bei der CTC-Produktion wird das Blatt zuerst ebenfalls gewelkt, nur einmal gerollt und anschließend in einer Maschine mit Dornenwalzen zerrissen. Durch diese Methode werden die Zellwände schneller und gründlicher aufgerissen als bei der klassischen Vorgehensweise. Das nach drei- oder viermaligem Durchlauf zerkleinerte Blatt wird anschließend fermentiert. Bei dieser Herstellungsart gibt es keine Blatttees, wenig Broken-Tees, sondern überwiegend die beiden Blattgrade Fannings und Dust. Der mit dem CTC-Verfahren hergestellte Tee wird meist in Teebeuteln verarbeitet.

Die LTP-Methode

Die Abkürzung LTP steht für „Lawrie Tea Processor", eine nach ihrem Erfinder benannte Maschine, in der die Teeblätter mit einem rotierenden Messer sehr fein zerschnitten werden. Zugleich wird Kaltluft in die Maschine geblasen, damit das Blattgut nicht zu warm wird und so der Fermentationsprozess zu frühzeitig einsetzt. Abschließend fällt das zerrissene Blattgut automatisch in die Fermentationströge. Diese Art der Produktion eignet sich vor allem für die Blattgrade (Fannings und Dust) zur Herstellung von Teebeuteln.

Pflückerinnen auf der Dambatenne-Plantage in Haputale, Sri Lanka. Die Plantage wurde von Sir Thomas Lipton gegründet.

Sortierung und Blattgrade

Bevor der Tee zur Auktion oder zum Verkosten kommt, wird er nach dem Ernten durch Sortieren von Hand oder maschinell in verschiedene Blattgrade eingeteilt. Generell kann man bei schwarzem und grünem Tee zwischen Blatttee, Broken-Tee, Fannings und Dust unterscheiden. Dabei handelt es sich ausschließlich um die Größe der Teeblattteilchen, nicht um eine Aussage oder Qualität.

Blatttee

Damit wird Tee bezeichnet, der aus ganzen Blättern besteht, die beinahe ungebrochen sind. In Blatttees bleiben die aromatischen Inhaltsstoffe besser erhalten.

Broken

Broken-Tee, aus zerbrochenen Blättern, ist durch die vielen Bruchstellen ergiebiger und kräftiger als Blatttee. Broken-Tee ist immer zu erkennen am B in der Buchstabenangabe. Zu diesen Tees gehören: Broken Orange Pekoe (BOP), Flowery Broken Orange Pekoe (FBOP).

Fannings

Als Fannings werden die beim Sieben anfallenden kleinen Teilchen des maschinell zerkleinerten Blattguts bezeichnet. Orange Fannings (OF) wird hauptsächlich durch CTC-Produktion hergestellt.

Dust

Dust (D) und Pekoe Dust (PD) wird die kleinste und letzte Aussiebung genannt. Die ganz fein gebrochenen Blättchen sind sehr ergiebig und werden meist zur Herstellung von Tee in Beuteln verwendet.

Sortierungen für schwarze Blatttees

Orange Pekoe (OP)
Dieser Tee wird aus dünnen, gedrehten Blättern wie etwa den Blattspitzen der oberen, feinen Teile des jungen Triebs hergestellt.

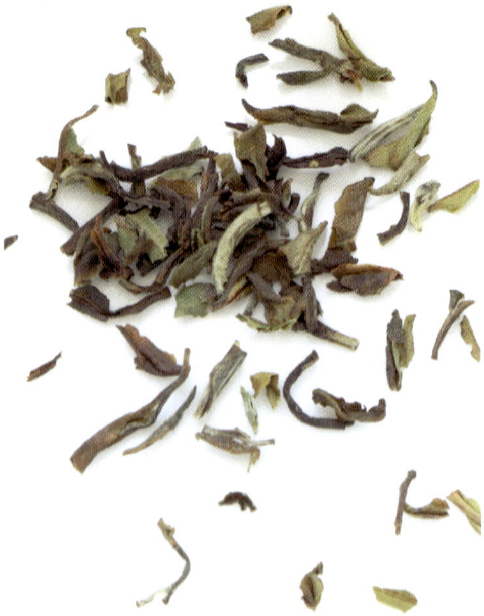

Die erste Ernte des Jahres (First Flush) wird wegen ihres milden, blumigen Geschmacks bei den Teeliebhabern besonders geschätzt.

Flowery Orange Pekoe (FOP)
Der Tee aus dem noch nicht völlig entwickelten Spitzenblatt ist hochwertig und hat einen hellen, aromatischen Aufguss.

Golden Flowery Orange Pekoe (GFOP)
Es handelt sich hier um die Bezeichnung für einen Darjeeling-Blatttee mit Blattspitzen und jungen Blättern.

Tippy Golden Flowery Orange Pekoe (TGFOP)
Ausgezeichnete Qualität bei Darjeeling-Tee. Er besitzt einen hohen Anteil an Tips.

Finest Tippy Golden Flowery Orange Pekoe (FTGFOP)
Dieser Tee zählt zu den besten und teuersten Qualitäten bei Blatttee. Er hat einen hohen Anteil Tips und Knospen.

Begriffserklärungen

Orange (O) bedeutet königlich, edel.

Pekoe (P) kommt aus dem Chinesischen und bedeutet weißer Flaum.

Flowery (F) heißt blumig. So nennt man Tees aus sehr jungen Blättern.

Fluff ist die Bezeichnung für Teestaub. Es sieht gelb aus und wird bei der Produktion abgesaugt.

Golden (G) beschreibt einen Tee mit Goldspitzenanteil (= „Tip").

Tip bezeichnet Blätter, die durch den hohen Gerbstoffgehalt heller oxidieren oder durch die weißen Flaumhaare silbern schimmern.

Tippy steht für Tees mit hohem Anteil an jungen Blattknospen (= „Tip").

Verpackung und Kennzeichnung

Früher wurde der Tee nach der Einteilung in die verschiedenen Sorten in Teekisten verpackt. Diese Holzkästen, innen mit Folie ausgeschlagen, sind heute meist nur für großblättrigen Tee in Gebrauch. Kleinblättrige Sorten werden in starken Papiersäcken befördert.

Die Kisten wurden mit Papier beklebt und oft bemalt oder lackiert. Zum Teil waren es kunstvolle Illustrationen, die von den verschiedenen Firmen zu Werbezwecken eingesetzt wurden. Heute gibt es für die Beschriftung Standardschablonen mit den wichtigen Informationen. Dazu gehören: Ursprungsland, Blattstandard, Brutto- und Nettogewicht, Informationen zur Pflückung und Pflückzeit.

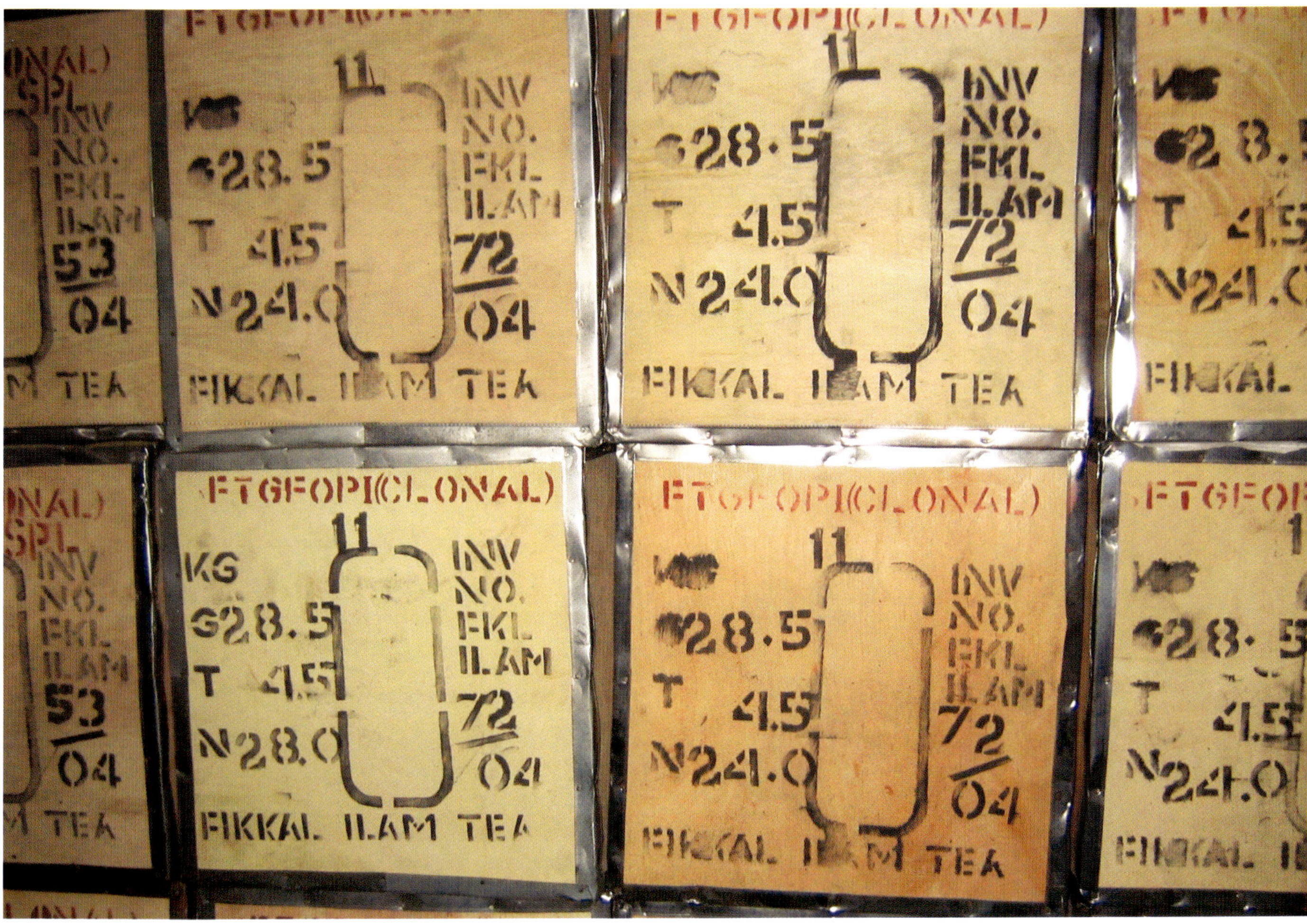

Auf Teekisten werden das Ursprungsland, der Blattstandard, das Gewicht sowie Informationen zur Pflückung und zur Pflückzeit vermerkt.

Teeauktionen

Nur in China werden die Tees zu festen Preisen über staatliche Verkaufsstellen vertrieben. In den anderen großen Teeanbauländern findet der Verkauf über Auktionen statt. Börsenplätze sind beispielsweise in Bombay für Nordindien, für Südindien in Chochin, für Sri Lanka in Colombo. In Europa sind London und Amsterdam die berühmtesten Umschlagplätze. So genannte Broker übersenden den Importeuren Muster der zur Versteigerung kommenden Tees, die zuvor von Teekostern geprüft werden. Anhand der beigefügten Listen, versehen mit Bezeichnung und Rufpreis, kann dann die internationale Kundschaft mitteilen, an welchen Tees sie interessiert ist, und das Preislimit bekannt geben.

Teetesting

Bevor der Tee zum Verbraucher kommt, wird er unzählige Male beim Erzeuger, im Auktionshaus und beim Importeur geprüft und gekostet. „Teataster", englisch für Teekoster, prüfen die bei Auktionen angebotenen Tees auf Güte und Qualität. Erst nach einer ausführlichen Verkostung im Vergleich anderer Teemuster, wird Tee bewertet und eventuell eingekauft. Die professionellen Teetester entscheiden über das Sortiment der einzelnen Anbieter und stellen Mischungen zusammen.

Was beurteilt wird

Wichtige Kriterien bei der Beurteilung von Tee sind Prüfungen der trockenen und der aufgegossenen Teeblätter nach Aussehen, Farbe und Geruch. Ebenso entscheidend ist die Farbe des

Der Arbeitsplatz eines „Teatasters", eines Teekosters. Er prüft und beurteilt die trockenen und die aufgegossenen Teeblätter nach Aussehen, Farbe, Geruch und Geschmack.

Aufgusses, der Duft aus der Teeschale sowie Charakter und Geschmack des Tees. Zu beurteilen ist auch der erste Eindruck im Mund, die Aromaentfaltung, das Bouquet und der Nachgeschmack. Ein professioneller Teataster kann aus einem Aufguss alles Wissenswerte wie Anbauhöhe, Pflückzeit, Tageswetter erschmecken. Dafür braucht es Erfahrung und Geduld. Der Teataster muss für die Beurteilung die Teesorten und ihre einzelnen Geschmacksnuancen kennen. Man kann sich vorstellen, dass dafür Jahre nötig sind.

Die Vorbereitung

Die Verkostung läuft immer nach dem gleichen Schema und vorgegebenen Standards ab: Geschirr, Teemenge und Ziehzeit sind überall gleich. Von jedem Teemuster wird exakt die gleiche Menge abgewogen: 2,86 Gramm in der Regel, das Gewicht eines Six-Pence-Stücks. Der Tee wird dann in einem Deckelbecher mit siedendem Wasser übergossen. Die Ziehzeit beträgt fünf Minuten. Anschließend wird der Tee durch den gezahnten Rand in die Teeschale abgegossen. Der Deckel mit den abgegossenen Teeblättern wird dann umgedreht und auf den Becher gelegt. Denn diese so genannte Infusion unterliegt ebenso einer Prüfung durch den Tester wie das trockene Blatt und der Tee selbst.

Die Verkostung

Jetzt heißt es: Sehen, Fühlen, Riechen. Das Blattgut wird in jeder Beziehung auf Herz und Nieren geprüft: Farbe, Aussehen, Geruch, Sauberkeit. Die Untersuchung der Infusion, des Aromas, ist der nächste Schritt.
Der letzte Akt: Schlürfen, Schmecken, Spucken. Nun wird der Tee verkostet, entweder mit einem

Teeverkostungen erfordern ein hohes Maß an Erfahrung und umfangreiche Kenntnisse. Ein Profi kann aus einem Aufguss Anbauhöhe, Pflückzeit und Tageswetter erschmecken.

Löffel, oder meist wird direkt aus der Teeschale geschlürft. Wie bei einer Weinprobe spült der Tester sozusagen den Mund mit dem Schluck Tee, um ihn anschließend auszuspucken.
Dieser Moment genügt, um alle relevanten Aspekte der Probe zu beurteilen. Beschrieben werden die Tees dann mit Worten wie blumig, fruchtig, malzig, würzig – meist in englischer Sprache. Allerdings gibt es keine weltweit einheitlichen Bezeichnungen, bisweilen widersprechen sie sich. Einige grundlegende bekannte Begriffe sind hier zusammengestellt.

Ausgewählte Fachbegriffe

Das trockene Blatt

Attraktiv
Bezeichnet ein einheitliches Trockenblatt in Form und Farbe.

Blend
Hier handelt es sich um eine Mischung.

Sehen, fühlen, riechen, schlürfen, schmecken, spucken – dies sind die Aufgaben eines Teetesters, der die Teeproben im Testlabor prüft.

Bold
Es bedeutet grob, das Blatt entspricht nicht den Sortierungsgraden.

Brownish
Damit wird ein Blatt mit brauner Färbung durch zu hohe Trockentemperatur bezeichnet.

Choppy
Der Begriff bedeutet zerhacktes Blatt.

Clean
Das Blattgut ist sauber, ohne Stängel und Staubanteile, keinerlei Unreinheiten.

Colour
Beschreibt die Färbung des Blattes.

Crepy
So wird ein gekräuseltes Blatt genannt.

Curly
Die Bezeichnung für ein gedrehtes Blatt.

Even
So heißen gleichmäßige Blätter bzw. Blattteile.

Flowery
Diese Bezeichnung wird für das zarte, junge Blatt verwendet.

Gritty
Der Begriff bedeutet ein zu hartes Blatt.

Irregular
Hier gibt es keine einheitlichen Blattgrade.

Melange
Bezeichnet eine Teemischung.

Milled
Bezeichnet zermahlenes Blattgut.

Well twisted
Es handelt sich um ein gut gerolltes Blatt.

Das feuchte Blatt

Aroma
Der Duft des Blattes nach dem Aufguss.

Bright
Bezeichnet die leuchtende und saubere Farbe des Blattes.

Dark
Der Begriff für die dunkle Färbung des Blattes.

Even
Die Blätter sind einheitlich in Form und Farbe.

Green
Eine Grünfärbung durch zu kurzen Welk-, Roll-, oder Fermentationsprozess.

Mixed
Bedeutet gemischt und bezeichnet eine unterschiedliche Färbung der Blätter oder verschiedene Sorten in einer Mischung.

Die Teeflüssigkeit

Body
Bezeichnet den Körper, ein Tee mit kräftigem Aroma.

Bright
Hier ist eine kräftige helle Färbung gemeint.

Clean
Der Begriff bedeutet sauber, ohne einen störenden Beigeschmack.

Coarse
Hier gibt es einen störenden Beigeschmack.

Contamination
Eine Bezeichnung, wenn eine Beeinträchtigung von Farbe und Geschmack vorliegt.

Dry
Ein trockener Geschmack aufgrund einer zu langen Trocknungsphase.

Earthy
Bezeichnet einen erdigen, frischen Duft.

Fruity
So heißt ein negativer fruchtiger Geschmack, verursacht durch bakterielle Infektion.

Blumig, malzig, fruchtig, würzig – die Beurteilungen der Teekoster gelten als Gütesiegel und Auszeichnung gleichermaßen.

Hard
Damit wird ein harter und bitterer Geschmack bezeichnet.

Malty
Der Begriff für eine gute malzige Note.

Mouldy
Die Bezeichnung für schimmligen Geschmack.

Scorched
Die Bezeichnung für trockenen Geschmack.

Smokey
Ein rauchiger Geschmack, bedingt durch ein undichtes Trocknungsgerät.

Thin, weak
So heißt eine dünne, schwache Infusion.

Toasty
Es liegt eine Beeinträchtigung der Farbe vor.

Anbaugebiete rund um die Welt

Grüntees wie auch Schwarztees werden vor allem in Asien, in Afrika, Amerika, Australien und in Europa, auf den Azoren sowie in der Türkei produziert.

Asien

China

In der Heimat des Tees wird in allen mittleren und südlichen Provinzen Tee angebaut. Dazu zählen in der Südregion die Provinzen Anhui, Fujian, Guangdong, Guangzi Zhuang, Guizhou, Hainan Dao, Henan, Hubei, Hunan, Jiangsu, Jiangxi, Shaanxi, Sichuan, Yunnan. Die besten Teesorten wachsen in Hochlagen zwischen 1000 und 2500 Meter.
In den südlichen Provinzen Chinas befinden sich mehrere hundert Tributgärten, die oftmals mit der Tradition buddhistischer Mönche verbunden sind. Der dort gepflückte Tee war früher dem Kaiser und seinem Hofstaat vorbehalten. Einstmals durfte Tributtee nur von weiß gekleideten, frisch gewaschenen Jungfrauen mit silbernen Körben unter der Aufsicht kaiserlicher Bediensteter gepflückt werden. Bei dieser Pflückung durfte nur die Knospe und eventuell das oberste Blatt mit einer Schere abgeschnitten werden. Es wurde strengstens darauf geachtet, dass kein gewöhnlicher Sterblicher den Tee durch „unwürdiges" Betrachten oder Berühren beschmutzen konnte.
Der größte Teil der Produktion in China ist Grüntee. Schwarztee, der sich durch einen sehr aromatischen und weichen Geschmack auszeichnet, wird fast ausschließlich für den Export hergestellt.

Frisch gepflückte Teeblätter aus einer Plantage in Kandy, Sri Lanka, einem der Hauptanbaugebiete für Tee.

Taiwan (Formosa)

Seit 1870 wird auf Taiwan Tee angebaut. Eine Spezialität der Insel, die wirtschaftlich und politisch von China abgetrennt ist, sind halbfermentierte Oolong-Tees, die im Geschmack zwischen dem grünen und dem schwarzen Tee

Teeplantage in Indien, wo der Teeanbau bereits seit dem 19. Jahrhundert Tradition hat. Heute stammt ein Drittel der Welternte aus Indien.

liegen. Traditionell beginnt die erste Pflückung am 20. April und erreicht ihren Höhepunkt am 6. Mai. Schwarzer Tee wird vor allem im Sun-Moon-See-Gebiet hergestellt. Als Grüntee werden meist Sorten wie Sencha und Gunpowder produziert.

Japan

Japan produziert nach eigenen Angaben nur grünen Tee. Die günstigsten Wachstumsbedingungen finden sich im Süden der Hauptinsel Hondo wie auch auf Schikoku und Kiuschu. Für den eigenen Gebrauch wird schwarzer Tee importiert. Japans berühmtester Tee wächst in Udi nahe Tokio in der Provinz Shizuoka.

Indien

Seit Anfang bis Mitte des 19. Jahrhunderts wird Tee in Indien angebaut. Heute produziert Indien rund ein Drittel der gesamten Welternte.

Assam

In Assam, Bundesstaat in Nordost-Indien, wurde die Teepflanze „The assamica" entdeckt. Die Hochebene zu beiden Seiten des Brahmaputra ist das größte zusammenhängende Anbaugebiet der Welt. Die erste Ernte beginnt bereits im Februar mit der First-Flush-Ernte. Dieser Tee hat einen duftigen, frischen und blumigen Geschmack und eine helle, goldgelbe Farbe. Während der Ernteperiode zwischen Mai und Ende Juni (Second-Flush) werden die besten und qualitativ hochwertigsten Assam-Tees geerntet.

Darjeeling

Der Teeanbau in Darjeeling, einer Stadt im Norden Indiens, begann um das Jahr 1860. Der dort stationierte Sanitätsoffizier und spätere Oberaufseher Dr. Campbell pflanzte Teesamen auf seinem Grundstück an. Nach erfolgreichen Experimenten beschloss im Jahre 1847 die englische Regierung, Teeschulen in diesem Gebiet anzulegen.

Die ersten Teegärten waren Tukvar, Steinthal und Aloobari. Das berühmteste Teeanbaugebiet Indiens liegt an den Südhängen des Himalaya-Gebirges. Hier wie auch auf der Hochebene von Assam finden die Teepflanzen ideale Klimabedingungen. Tropenglut, Luftfeuchtigkeit und Bergeskühle sowie Monsunregen sorgen für

An zentralen Plätzen in den Plantagen wird die Ernte gesammelt, auf Lastwagen verladen und dann möglichst rasch zur Weiterverarbeitung transportiert.

Fruchtbarkeit und Reife. Die Teeblätter werden dort ausschließlich von Hand gepflückt. Darjeeling wird auch als Königin des Tees bezeichnet. Der Aufguss ist eher hell und schmeckt zart und blumig. Der größte Teil der Ernte wird als Blatttee produziert.

Darjeeling ist jedoch nicht immer wirklich Darjeeling. Weltweit werden unter diesem bekannten Namen Tees angeboten, die aus anderen Gebieten stammen. Inzwischen wurde von der indischen Regierung eine Handelsmarke für „Darjeeling Tee" eingeführt, die den Ursprung des Tees auf jeder Rechnung und der Ware bescheinigt.

Weitere indische Produzenten

Indische Teeproduktionen gibt es auch in Sikkim, Dooars und Nilgiri. Der in der nördlich von Darjeeling gelegenen Provinz Sikkim angebaute Tee besitzt einen ähnlichen Charakter wie Darjeeling-Tee.

Dooars liegt zwischen Assam und Darjeeling. Der hellbraune Aufguss des dort angebauten Tees ist aromatisch mit leicht würzigem Charakter und wird meistens für Mischungen verwendet.

Im südindischen Hochland Nilgiri wird in den Provinzen Karnataka, Kerala und Tamil Nadu Tee angebaut. Dem in Höhenlagen zwischen 800 und 2000 Meter angebauten Tee schreibt man zur Trockenzeit um die Jahreswende ein feines, weiches Lemonaroma zu. Die Teeplantagen werden hauptsächlich von Kleinbauern bewirtschaftet. Der Tee wird sowohl traditionell als auch maschinell hergestellt.

Zu den Teeproduzenten gehört inzwischen auch Bangladesch, der zweitgrößte Staat auf dem indischen Subkontinent.

Teeernte in den Hügeln des Nilgiri-Hochlandes im Süden des indischen Subkontinents.

Dimbula liegt westlich des zentralen Bergmassivs. Das trockene Wetter sorgt für höchste Teequalität.

Nepal

Das Königreich Nepal im Himalaya liegt zwischen Tibet (China) im Norden und Indien im Süden und Westen. Es zählt zu den jüngsten Teeanbauländern.

Im Jahr 1863 bekam Mr. Gajaraj Singh Thapa, Schwager des Premierministers und Verwalter der Provinz Ilam, das erste Saatgut aus China geschenkt. Von ihm wurde damals der Teegarten Ilam angelegt. Bereits im Jahr 1873 wurde die erste Teefabrik gebaut. Mitte der 1950er-Jahre wurde von der UNO der professionelle Teeanbau als Entwicklungsprojekt eingeführt und finanziell gefördert.

Sri Lanka

Vor etwa 100 Jahren begann der Teeanbau auf Sri Lanka (Ceylon). Vorher war die Insel der zweitgrößte Kaffeeproduzent der Welt, bis die Rostpilzerkrankung die Kaffeepflanzen vernichtete. James Taylor, ein junger Schotte, unternahm im Jahr 1860 mit Teestecklingen die ersten Pflanzversuche. Schon bald begann die Kultivierung im großen Stil. Heute ist Sri Lanka der zweitgrößte Teeproduzent der Welt.

Der Tee aus dem inzwischen politisch unabhängigen Sri Lanka wird noch immer unter dem seit über 100 Jahren bekannten Kolonialnamen Ceylon-Tee geführt. Auf Sri Lanka herrschen besonders günstige Wachstumsbedingungen. Je nach Höhenlage gibt es bei den Ceylon-Tees folgende Einteilungen: Low grown – unterhalb 650 Meter, Medium grown – zwischen 650 und 1300 Meter und High grown – oberhalb 1300 Meter. Inzwischen haben sich auf Sri Lanka folgende Anbaugebiete entwickelt:

Nuwara Eliya, von den Singhalesen kurz Nurelia genannt, ist die höchste Anbauregion. In diesem Gebiet wachsen während des Nordostmonsuns die feinsten Sorten.

Teepflückerinnen bei der Ernte in Oothu, Südindien, einem der berühmtesten Anbaugebiete der Welt.

Die meisten Tees werden in Nepal nach orthodoxer Methode unter Einhaltung modernster ökologischer Standards hergestellt. Der Geschmack und Charakter der in dem Königreich Nepal angebauten Teesorten sind mit Darjeeling-Tee vergleichbar.

Afrika

Etwa zu Beginn des 20. Jahrhunderts begann der Teeanbau auf dem afrikanischen Kontinent.

Burundi

In Burundi produzieren die Teegärten in etwa 2000 Meter Höhe in kleinen Mengen ausgezeichnete Blattqualitäten.

Kamerun

Kamerun kultiviert Tee an den fruchtbaren Hängen des Mount Kamerun. Die in dem früheren Deutsch-Westafrika produzierten Tees sind meist schwarze CTCs.

Kenia

Die Plantagen liegen im Hochland über dem Viktoriasee. Aufgrund des günstigen Klimas kann der Tee ganzjährig geerntet werden. In Kenia werden fast ausschließlich schwarze Tees mit der CTC-Methode produziert.

Malawi

Die Hauptanbaugebiete Malawis liegen in der südlichen Region Mulanje. Hier kann ganzjährig geerntet werden. Die meisten der produzierten Tees werden in Mischungen verwendet.

Mosambik

In Teegärten um 1000 Meter Höhe wird Broken-Tee produziert, der meistens für Teebeutelmischungen verwendet wird.

Ruanda

Während der politischen Unruhen in den 1990er-Jahren wurden die Teefabriken zerstört, die Pflanzen vernichtet oder sehr vernachlässigt. Inzwischen sind nun die meisten Fabriken wiederhergestellt, modernisiert, und die Pflanzen haben sich regeneriert.

Tansania

Erstmals wurde von deutschen Siedlern in Tansania 1905 Tee angebaut. Heute liegen die

Wenn Pflückzeit ist, muss es schnell gehen, damit die Qualität der Ernte erhalten bleibt: Hunderte Arbeiterinnen pflücken dann in Rekordtempo in den ausgedehnten Teegärten.

Ein besonders kräftiger Tee wächst in Bandung auf Java (Indonesien). Er eignet sich besonders gut für Mischungen.

Teeplantagen im zentralen Norden und Süden in Lagen von 1000 bis 2000 Meter Höhe. Schwarzer Tee wird hier mit dem CTC-Verfahren produziert.

Zimbabwe

Nur wenige Teegärten befinden sich in dem früheren Rhodesien. Meist werden die in Höhenlagen von 1000 bis 1400 Meter wachsenden Pflanzen zu Beutel- und Bröseltee verarbeitet.

Südamerika

Argentinien

Seit Anfang des 20. Jahrhunderts wird in den argentinischen Regionen Chaco, Corrientes, Formosa, Misiones und Tucumán Tee, meist für Teebeutelmischungen oder Instanttee, angebaut. Inzwischen wird zudem grüner Tee in kleinen Mengen produziert.

Ecuador

Mit dem Teeanbau wurde 1962 am Te Sangay begonnen. Inzwischen produzieren Fabriken in Ecuador CTC- und in Beutel abgepackte Tees.

Peru

Die ersten Versuche mit Teesamen begannen im Jahr 1913. Jedoch erst 1928 gelang die erfolgreiche Anlage von Teeplantagen. Heute liegen die Hauptanbaugebiete in Cusco und Huanuco, wo in von Genossenschaften geführten Fabriken schwarzer Tee produziert wird. In anderen Gebieten werden geringe Mengen von grünem Tee hergestellt.

Weitere Regionen

Australien

Seit dem Jahr 1960 wird in Australien kommerziell Tee angebaut. Das Blattgut wird maschinell geschnitten und zu schwarzem Beuteltee verarbeitet. Grüner Tee wird in geringen Mengen in Madura produziert.

Indonesien

Auf den beiden indonesischen Inseln Sumatra und Java wie auch auf Malaysia wird ganzjährig Tee produziert. Sein kräftiger Geschmack ist besonders für Mischungen geeignet.

Portugal

Auf der Azoreninsel Sao Miguel wurden nach 1945 Teegärten angelegt, die von Mai bis September mehrfach bepflückt werden. Das häufig noch von Hand geerntete Blattgut wird zu Grün- und Schwarztee verarbeitet.

Türkei

In Rize – es liegt im Nordosten der Türkei – wird schwarzer Tee mit einer angenehm leichten Qualität produziert.

Die unterschiedlichen Teesorten

Nur die weißen Teeknospen und die ganz jungen, silbrigen Blattspitzen werden für den weißen Tee verwendet. In China wurde der weiße Tee lange Zeit ausschließlich dem Kaiser und seinem Hofstaat serviert.

Auch heute herrscht oft noch die Ansicht, dass grüner und schwarzer Tee von verschiedenen Pflanzen stammen würde. Der Unterschied liegt jedoch in der Fermentation. In der Ming-Zeit wurde entdeckt, dass durch Fermentieren und Trocknen die Blätter länger haltbar bleiben. Es gibt eine Vielzahl von Teesorten, die nach Art der Herstellung in folgende Gruppen eingeteilt werden können.

Grüner Tee

Für die besten Sorten werden nur die ersten beiden Blätter und die Knospen gesammelt. Die Blätter dürfen dabei nicht beschädigt werden, da sonst ein Fermentierungsprozess in Gang gesetzt wird. Die Blätter werden kurz erhitzt oder mit Dampf behandelt, dann gerollt und anschließend getrocknet.

Folgende Merkmale weisen auf eine gute Qualität hin: Diese zeichnet sich durch einen frischen Geruch aus, der an Heu erinnert. Die Blätter sind grün und nicht braun. Sie sind matt glänzend, trocken und fest.

Nach dem Aufguss kann man sehr leicht erkennen, ob es sich um Blattspitzen oder um einfache Blätter handelt. An den einzelnen Blättern ist zu sehen, ob sie mit Messern geschnitten oder von Hand gepflückt worden sind. Zudem kann man prüfen, ob Teile des Blattes fermentiert sind. Sie sind dann unregelmäßig fleckig braun.

Oolong-Tee: Die Herstellung der „Schwarzen Schlange" zählt zu den schwierigsten und aufwändigsten Verfahren der Teeproduktion.

Schwarzer Tee

Schwarztee wird in Ostasien eigentlich als roter Tee bezeichnet.

Gepflückt werden wie beim grünen Tee für die besten Qualitäten die ersten beiden Blätter und die Knospe. Die Ernte wird dann auf Gittern etwa 12 bis 18 Stunden getrocknet. Bei dem anschließenden Gärungsprozess verändern sich Blatt und Zellsaft durch Luftsauerstoff. Durch die Fermentation bekommt der schwarze Tee seine rote Farbe und den typischen Geschmack. Er ist durch die Fermentation auch besonders haltbar.

Nach Beendigung des Vorgangs wird der Tee nach Blattgraden sortiert.

Weißer Tee

Für weißen Tee mit dem feinen Aroma werden in China nur besondere „weiße" Teepflanzen verwendet. Für diesen köstlichen Tee mit seinem delikaten Aroma pflückt man die weißen Teeknospen und die ganz jungen, silbrigen Blattspitzen. Die Bezeichnung für die weißen Härchen (Bai Hao) stammt aus dem Chinesischen und wurde ins Englische mit dem Namen Pekoe übertragen.

Im Frühjahr, wenn die Knospen anfangen auszutreiben, werden die Triebe mit ihren silbrig weißen Flaumhaaren von Hand gepflückt. Sie werden an der Sonne getrocknet, weder erhitzt noch gerollt oder gepresst. Die Knospen bleiben vollständig erhalten und verleihen dem Tee ein zartblumiges Aroma.

Weißer Tee war in China lange Zeit nur für den Kaiser bestimmt. Er wurde besonders wegen seines feinen Aromas geschätzt und galt als lebensverlängernder Zaubertrank. Auch heute noch wird er in China hoch geschätzt.

Oolong-Tee

Ursprünglich bedeutet Oolong „Schwarzer Drachen". Diese Teeart, deren Herstellung erst seit der Ming-Zeit bekannt ist, wird auch „Schwarze Schlange" genannt. Der Legende nach wurde der Besitzer eines Teegartens durch eine schwarze Schlange so erschreckt, dass er die Flucht ergriff und erst nach Tagen zu seinen getrockneten Teeblättern zurückkehrte. Diese waren inzwischen durch Sonneneinstrahlung oxidiert und ergaben ein aromatisches Getränk.

Oolong-Tee ist halbfermentiert, wobei jedoch die Fermentierung sehr unterschiedlich sein kann. Die Herstellung von Oolong-Tee gehört bei der Produktion von Tee zu den schwierigsten und aufwändigsten Verfahren.

Die gepflückten Blätter werden für etwa eine Stunde auf großen Tüchern dem Sonnenlicht ausgesetzt. Dadurch setzt eine leichte Fermentation ein. Für manche Oolong-Teesorten wird zur besseren Fermentierung das Blattgut in

Bambuskörben geschüttelt, sodass die Blattränder aufreißen und der Zellsaft austreten kann. Die Blätter werden je nach Sorte noch in Innenräumen weiterfermentiert oder weiterverarbeitet. Das angewelkte Blattgut wird in die Heiztrommel gefüllt und bei 70 °C ungefähr 45 Minuten getrocknet. Nun werden die heißen Blätter in saubere Baumwolltücher geschüttet. Diese Tücher werden zu einem großen Ballen geschnürt und in einer Knet- und Walkmaschine etwa 20 Minuten ständig gerollt. Danach wird das Blattgut wieder in die Heiztrommel geschüttet und erneut erhitzt. Dieser Vorgang kann je nach Teesorte bis zu zehnmal wiederholt werden. Der Oxidationsprozess wird unterbrochen, wenn der Blattrand schwarz, die Blattmitte jedoch noch grün ist. Am Ende des Herstellungsverfahrens ist das Blattgut stark und fest gerollt. Dann wird es noch einem abschließenden Röstvorgang unterzogen, um den Tee haltbar zu machen. Oolong-Tees werden in vier verschiedene Grundtypen eingeteilt:

Pouchong

Der kupferfarbene Tee ist bis zu 12 Prozent fermentiert. Der Aufguss riecht fruchtig und hat einen zarten, bittersüßen Geschmack.

Zhen Cha Oolong

Das Blattgut ist bis zu 30 Prozent fermentiert und fester gerollt. Der Tee hat einen intensiven fruchtigen Geschmack und ist sehr gehaltvoll und dunkel im Aufguss.

So Cha Oolong

Bei der Herstellung wird das Blatt fest gerollt und bis zu 50 Prozent fermentiert. Der Tee hat ein rauchigsüßes Aroma.

Kao-Shan-Cha Oolong

Dieser Hochlandtee ist bis zu 30 Prozent fermentiert. Der Tee hat eine goldgrüne Farbe und ein feines herbes Aroma.

Pu-Erh-Tee

In China seit langem bekannt, findet Pu-Erh-Tee auch in Europa immer größere Beachtung und Verbreitung. Der wertvolle Gesundheitstee wird in der Traditionellen Chinesischen Medizin (TCM) zur Linderung von Beschwerden unterschiedlicher Art eingesetzt. Der Tee wurde nach einem Städtchen in der chinesischen Provinz Yunnan benannt. Grüner Pu-Erh-Tee aus zarter Frühlingspflückung wird zuerst gedämpft und anschließend mit Pilzkulturen in einem speziellen Verfahren (Zugabe von Mikroorganismen) behandelt. Der Tee wird lose abgefüllt oder zu kleinen Halbschalenformen gepresst und monatelang kühl gelagert. Der Tee hat einen milden Geschmack und eine grüne Farbe. Der rote Pu-Erh-Tee wird aus der großen Sommerpflückung auf die gleiche Art und Weise wie grüner Pu-Erh-Tee hergestellt. Nach der Behandlung wird er in Kisten eingestampft und lange gelagert. Dadurch erhält er seine rote Farbe und den erdigen Geschmack.

Tee sortiert nach Blattgraden. Die Blattgrade geben Auskunft über die Größe der enthaltenen Teeblattteilchen. Grundsätzlich unterscheidet man vier Kategorien: Blatttee, Broken-Tee, Fannings und Dust.

Das Reich der Mitte ist die Heimat des Tees. In allen südlichen Provinzen Chinas wird noch immer Tee angebaut. Dort wachsen die besten Teesorten in Hochlagen zwischen 1000 und 2500 Meter. Eine der wichtigsten Anbauregionen liegt in der landschaftlich reizvollen Provinz Yunnan.

Klassische Sorten und Mischungen

Chinesische Klassiker

China ist der Hauptproduzent von grünem Tee. Der Geschmack ist gewöhnlich leicht herb-rauchig. Zu den bekanntesten Sorten von Grüntee zählen folgende:

Die zu winzigen Kügelchen gerollten Blätter des Gunpowder-Tees entfalten sich beim Aufgießen wie eine Blüte.

Chun Mee
Dieser Tee mit dem frischen und etwas herben Geschmack wird nicht nur in China, sondern ebenfalls in Taiwan, Indien sowie Indonesien produziert.

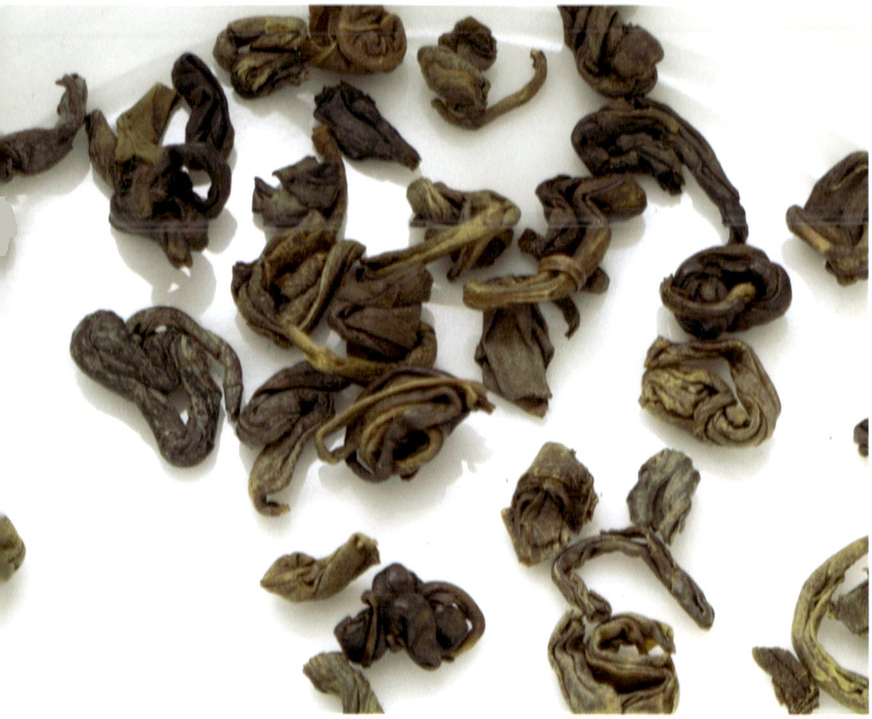

Gunpowder
Gunpowder wird in China und Taiwan hergestellt. Für diesen Tee, der wie Schießpulver aussieht, werden Teeblätter zu Kugeln gerollt. Sie entfalten sich beim Aufgießen wie eine Blume. Der Aufguss dieses grünen Tees ist gelb-grünlich und hat einen herb-frischen Geschmack.

Lung Ching (Drachenquelle)
Dieser Tee ist eine Spezialität aus dem Anbaugebiet Zhejian. Er zeichnet sich durch sein feines Aroma aus und zählt zu den edelsten chinesischen Sorten.

Pi Lo Chun
Dieser in China und Taiwan produzierte Tee mit mild-blumigem Geschmack hat spiralförmig gedrehte Blätter.

Bekannte Schwarztees

Keemun
Der aus der Provinz Anhui stammende Schwarztee zeichnet sich durch ein sehr regelmäßiges Blatt aus. Er hat einen runden, fruchtigsüßen Geschmack.

Lapsang Souchong
Für diesen chinesischen Tee werden die großen Teeblätter über einem Feuer mit Tannennadeln oder Harzen getrocknet. Dieser Tee findet auch in russischen Mischungen Verwendung.

Blütenzauber

Besonders kostbare Teesorten werden zu faszinierenden Gebilden verarbeitet. Dazu werden viele von Hand gepflückte Teeblattspitzen in Handarbeit nach der Dämpfung gerollt und beispielsweise mit einem Faden zu einer Blüte zusammengebunden und zu einer flachen Rosette getrocknet.
Dieses kunstvolle Blütengebinde wird in China „Grüne Päonie", nach der Blüte der Pfingstrose, oder auch „Teerose" genannt. Sie entspricht genau der an Blättern benötigten Menge für eine große Tasse Tee und kann bis zu sechsmal aufgegossen werden.
Aufgebrüht entfalten die gebundenen Grünteespitzen ihre ganze Schönheit. Wenn sich die Knospe öffnet, zeigen sich drei Chrysanthemum-Blüten, die langsam aufsteigen. Das Aufgehen der gebundenen Blütenblätter kann am schönsten in einer Glastasse beobachtet werden. Zwei Beispiele dafür sind Jin Shang Tian Hua (Anhui) und Mu Dan (Yunnan).

Die Anzahl der Blätter einer „Teerose" entspricht exakt der Menge an Tee, die man für eine große Tasse Tee benötigt.

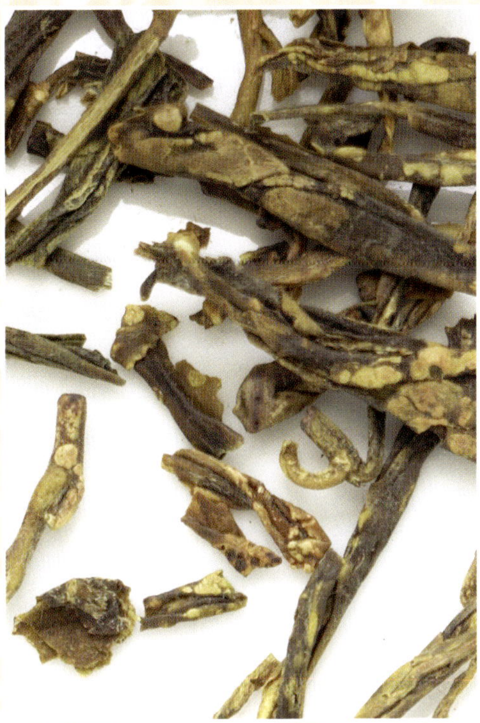

Lung-Ching-Tee zählt zu den edelsten Teesorten aus dem Reich der Mitte.

Inzwischen gibt es eine Vielzahl verschiedenster Formen dieser Kunstwerke. Kugel- oder kegelförmig, zu einem Körbchen geflochten oder in Form einer Pagode – lassen Sie sich überraschen. Auch die Blüten im Inneren zeigen sich vielfältig: Rosen, Nelken, Amarant, Jasmin oder Lilien. Es ist ein wunderbares Formen- und Farbenspiel, das sich bietet. Vor allem, wenn man Gäste zum Tee bittet, wird die Teestunde mit diesen faszinierenden Gebilden zu einem besonderen Erlebnis. Teerosen sind für echte Teeliebhaber auch ein schönes Mitbringsel.

Aus Sencha-Tee-blättern und geröste-tem Vollkornreis wird der nach Popcorn schme-ckende Genmaicha-Tee gemischt.

Japanische Klassiker

Japan ist neben China der Hauptproduzent von grünem Tee, dessen Geschmack sich durch eine grasigfrische Note auszeichnet. Die folgenden Sorten zählen zu den bekanntesten.

Sencha
Dieser grüne Tee ist in Japan der beliebteste Alltagstee. Das Blattgut wird sofort nach der Pflückung zum Verarbeitungsprozess gebracht. Die Blätter werden nur kurz gedämpft, unter Zufuhr von Heißluft aufgeschüttelt und so lange getrocknet, bis sie nach mehrmaligem Rollen wie grüne Nadeln aussehen. Sencha-Tee wird je nach Erntezeitpunkt in verschiedenen Qualitäten hergestellt. Für durchschnittliche Qualitäten erfolgt die Pflückung maschinell.

Bancha
Dieser grüne Tee enthält viele Gerbstoffe und wenig Koffein. „Ban" bedeutet so viel wie grob/gewöhnlich. Er wird vorwiegend aus älteren und größeren Blättern produziert. Die Bezeichnung „Drei-Jahres-Tee" ist wahrscheinlich darauf zurückzuführen, dass für diesen Tee bis zu drei Jahre alte Blätter geerntet werden. Der einfache Tee wird in seinem Herkunftsland als Alltagstee getrunken.

Gabalong
Diese Teespezialität mit mildem und feinem Aroma findet in Japan als Gesundheitsgetränk Verwendung. Gabalong enthält viele Stoffe, die den grünen Tee so gesund machen sollen.

Genmaicha
Bei dieser Teesorte wird japanischer Sencha mit geröstetem Vollkornreis gemischt. Dadurch erhält dieser Tee den popcornartigen Geschmack.

Gyokuro
Dieser Tee, auch Tautropfen genannt, zählt zu den feinsten und teuersten japanischen Sorten. Sobald die frischen Knospen treiben, werden die Teepflanzen mit Schilfmatten und dunklen Netzen bedeckt. Bei der Ernte im Mai werden nur die allerzartesten Triebe gepflückt.
Da die Blätter nur sehr wenig Licht bekommen, enthalten sie weniger Gerbstoffe und haben einen milderen Geschmack als andere Sorten des Grüntees.

Kokeicha
Dieser Pulvertee wird mithilfe von Reisstärke in „Tannennadelform" gepresst.

Kukicha
Bei dieser japanischen Spezialität werden auch die Stängel und die Blattrispen verarbeitet. Der Geschmack des hochwertigen Tees ist leicht und duftig frisch. Der Aufguss hat eine helle, gelbe Farbe.

Matcha
So nennt man den berühmten grünen Tee, der in Japan bei Teezeremonien verwendet wird. Bei der Herstellung werden beste Senchablätter in Steinmühlen zu feinem Pulver vermahlen.

Shincha
Ein grüner Tee mit Spitzenqualität. Seine Ernte wird in Japan immer sehnlich erwartet.

Kukicha ist eine japanische Teespezialität. Bei diesem Tee werden auch Stängel und Blattrispen verarbeitet.

Ceylon (Sri Lanka)

Dimbula (OP + FOP)

Der Schwarztee zeichnet sich durch einen herben, würzigen und kräftigen Geschmack mit leichtem Zitrusaroma aus. Der Tee wird zwischen Dezember und März geerntet.

Nuwara Eliya (GFOP)

Es ist ein Schwarztee mit einem frisch-herben Geschmack und leichtem Zitrusaroma. Er wird ganzjährig geerntet.

Ceylon Uva (FOP)

Der Tee besitzt einen herzhaften, kräftigen, herben Geschmack mit einem Hauch von Zitrus. Der in 1300 bis 2500 Meter Höhe angebaute High-Grown-Tee wird zwischen Juli und September geerntet.

Indien

Assam

Assam-Tee (z. B. GFBOP, TGBOP, FTGFOP) hat einen kräftigen, würzigen und aromatischen Geschmack. Der Schwarztee bildet häufig die Grundlage für ostfriesische Teemischungen.

Darjeeling Autumnal (FOP + GFOP)

Dieser schwarze Tee wird nach dem Monsunregen zwischen Oktober und November an den Südhängen des Himalaya angebaut. Er zeichnet sich durch ein leichtes und feines Aroma aus. Er enthält wenig Gerbsäure.

Darjeeling First Flush (FTGFOP)

Dieser nuancenreiche Tee wird im Februar/März von den Hängen des Himalaya geerntet. Oft wird dieser schwarze Tee auch als Flugtee bezeichnet, da er im Frühjahr nach Europa eingeflogen wird.

Matcha, der berühmte grüne Tee von höchster Qualität, wird im Land der aufgehenden Sonne bei Teezeremonien verwendet.

Eine bunte und schmackhafte Früchte-Kräuter-Mischung.

Aromatisierte Tees

Aus China kommen die klassischen aromatisierten Tees, wie Rosen- und Jasmintee. Unter Zugabe von frischen Blüten werden Grüntee oder auch eine Mischung aus grünem und schwarzem Tee aromatisiert. Dabei werden die Blüten regelmäßig abgesiebt und wieder durch frische ersetzt.

Chinas Jasmintee mit Blüten ist ein leichter grüner Tee, der mit dem Duft von Jasminblüten aromatisiert wird. Diesem Tee wird in der Traditionellen Chinesischen Medizin ein ausgleichender Einfluss auf Yin und Yang zugeschrieben sowie die Förderung des Qi-Lebensenergie-Kreislaufs.

Die heute in Europa parfümierten Teesorten werden meist durch Essenzen oder ätherische Öle nicht bei der Herstellung, sondern erst später aromatisiert. Bei diesem Verfahren werden die Aromen unterschiedlicher Geschmacksrichtungen in langsam rotierenden Trommeln gleichmäßig über dem Tee zerstäubt. Zu den Aromen, die dem Tee zugesetzt werden, zählen Fruchtaromen wie beispielsweise Kirsche oder Maracuja, Vanille und andere Gewürze wie etwa Zimt und Anis. Auch Zitrusaromen wie Orange, Lemon oder Bergamotte, das in Earl Grey enthalten ist, erfreuen sich ausgesprochen großer Beliebtheit.

Klassische Teemischungen

Die meisten handelsüblichen Teesorten sind Mischungen (Blends). Davon gibt es zwei Arten. Einmal werden Tees aus Teegärten einer Herkunftsregion oder aber die Sorten aus verschiedenen Anbaugebieten, wie beispielsweise

„It's tea-time." – Typisches Gebäck zum berühmten Fünfuhrtee: Shortbread und Ingwerplätzchen.

Ostfriesenmischung oder English Breakfast, gemischt. Große Teefirmen führen zum Abmischen der Tees Teataster-Abteilungen, in denen Spezialisten eine gleich bleibende Mischung herstellen. Dadurch sind Geschmack, Qualität und Preis jeder Sorte gesichert. Die genauen Mischverhältnisse sind sehr gut gehütete Betriebsgeheimnisse der Teefirmen. Erfolgreiche Blends werden meist unter dem jeweiligen Firmennamen verkauft.
Mischungen aus Ceylon- oder Assam-Tee sind kräftiger als Darjeeling-Tee. Man kann sie nach Belieben mit Zucker, auch mit braunem Kandis und Milch oder Zitrone trinken.

Breakfast Tea

Der typische English-Breakfast-Tee enthält zwei Drittel fruchtigen Ceylon-Tee und ein Drittel kräftigen Assam.

Afternoon Tea

Der Tee für den frühen Nachmittag oder als Abschluss des Lunch wird aus Ceylon- und Assam-Tees gemischt.

Five o'Clock

Diese Teemischung besteht meist aus Ceylon Orange Pekoe oder Flowery Orange Pekoe mit etwas Darjeeling.
Zu dem kräftigen, süßen Tee mit Milch gibt es Kekse, Waffeln, Ingwerbiskuits, dünne Sandwiches und Buttertoast mit Gelee und Jam.

China Caravan

Der Name soll an die Karawanen erinnern, die den Tee aus China nach Russland beförderten. Der milde, aromatische Tee ist eine Mischung aus grünen, also unfermentierten Sorten.

China White Tips

Diese Mischung enthält neben Tarry Souchong oder Lapsang auch ungeräucherte chinesische Sorten. Der Tee hat einen leicht rauchigen, aromatischen Geschmack.

English Blend

So werden Mischungen aus Ceylon, Indien und China bezeichnet. Dabei spielt es keine Rolle, welche Blattgrade verwendet wurden.

Ostfriesische Mischung

Eine gute Ostfriesische Mischung besteht aus etwa zwei Dritteln Assam-Tee und einem Drittel Tee aus Ceylon oder Sumatra/Java.

Earl Grey

Earl Grey ist eine Mischung aus Darjeeling, Assam, Ceylon und chinesischem Keemun-Tee. Es wird sowohl grüner als auch schwarzer Tee verwendet. Er wird mit Bergamottöl aromatisiert, was ihm den typischen zitrusartigen Geschmack verleiht.
Namensgeber dieser Mischung war Edward Grey, Earl of Fallodon. Er war von 1905 bis 1916 Außenminister Großbritanniens und entdeckte während seiner Orientreisen ein altes Teerezept, in dem Tee mit Bergamottöl aromatisiert wurde. Dies schenkte er einem britischen Teehaus, das den Tee aus Dankbarkeit nach ihm benannte.

In heißen Sommermonaten besonders beliebt: Eistee ist ein erfrischender Durstlöscher.

Instanttee

Zunächst werden zur Herstellung von Instanttee große Teemengen in Spezialfabriken gekocht. Anschließend wird die Flüssigkeit heißluft- oder gefriergetrocknet und der Teekörper als Granulat oder Puder in Dosen verpackt und verkauft.

Iced Tea (Ice Tea)

Besonders bei den Amerikanern ist es ein sehr beliebter Tee in den Sommermonaten. Dazu wird Grün- oder Schwarztee etwas stärker aufgebrüht und noch heiß auf Eiswürfel gegossen. Durch die blitzartige Abkühlung behält der Tee sein Aroma, bleibt klar und schmeckt zudem nicht bitter.
Erstmals bekannt wurde Eistee in den Vereinigten Staaten in St. Louis im Jahr 1904. Anlässlich der Weltausstellung soll der Kaufmann Richard Blechynden anstelle der üblichen

Anis, Fenchel und Zimt: Die drei Gewürze werden häufig für Heiltees verwendet oder als natürliche Aromen beigemischt.

eisgekühlten Getränke den heißen Tee in ein Glas mit Eiswürfeln gefüllt haben.
Der heute oftmals angebotene Eistee in Form von Instant Tea mit den verschiedensten Aromen hat mit dem ursprünglichen Ice Tea meist wenig zu tun. Ein guter Eistee lässt sich sehr leicht selbst herstellen.

Teeähnliche Erzeugnisse

Echter Tee stammt von der Camellia sinensis bzw. ihren Unterarten ab. Aufgüsse anderer Pflanzen sind Kräuter- und Früchtetees. Dafür werden die verschiedenen Bestandteile der Pflanzen verwendet – frisch oder getrocknet. Viele Kräuter werden in der Volksmedizin zur Vorbeugung und zur Behandlung leichterer Beschwerden eingesetzt. Hier eine kleine Auswahl der gebräuchlichsten Kräuter, Früchte und Gewürze, die entweder einzeln oder in Mischungen für Heiltees Verwendung finden.

Anis (Pimpinella anisum)

Für den süßlich schmeckenden Tee werden die kleinen, graubraunen Früchte der Pflanze verwendet. Der Aufguss fördert die Verdauung wie auch die Blutzirkulation und ist oft Bestandteil von Kindertees.

Apfel (Malum)

Hier werden die Früchte und Fruchtschalen verwendet. Der Tee beruhigt die Nerven und fördert den Schlaf.

Baldrian (Valeriana)

Aus der getrockneten Wurzel des Krauts wird der etwas bitter schmeckende Tee zubereitet. Er wirkt schlaffördernd und nervenberuhigend.
Baldrian ist auch unter der Bezeichnung Katzenkraut bekannt. Die Tiere fressen Blätter, Blüten wie auch Wurzelstöcke der Pflanze und geraten dadurch in einen rauschähnlichen Zustand.

Brennnessel (Urtica)

Für den Aufguss mit seinem milden Geschmack werden vor allem die getrockneten Blätter verwendet. Der Tee ist harntreibend und schützt zudem wegen seines sehr hohen Eisengehalts vor Blutarmut.

Fenchel (Foeniculum vulgare)

Die Samen der Pflanze besitzen eine beruhigende und schleimlösende Wirkung. Der daraus zubereitete süßlich schmeckende Aufguss wirkt lindernd bei Verdauungsstörungen, Blähungen und Koliken.

Ginseng (Ginseng radix)

Auch Lebenswurzel genannt, gehört Ginseng zu den ältesten Heilpflanzen. Ihm wird vielfältige Wirkung nachgesagt: Dazu gehören Steigerung des Leistungs- und Reaktionsvermögens sowie die Stärkung des Immunsystems, außerdem soll er den Allgemeinzustand verbessern.

Seine verdauungsfördernde Wirkung entfaltet Ingwer vor allem als Tee. Die Wirkstoffe der exotischen Wurzelknolle lindern Magen- und Darmbeschwerden.

Hagebutte (Rosa canina)

Der Tee wird aus den Fruchtschalen einer speziellen Rosenart (Hundsrose) zubereitet. Er schmeckt fruchtig und mild-säuerlich, enthält viel Vitamin C und hilft bei Erkältungen, da er die körpereigenen Abwehrkräfte steigert.

Hibiskus (Eibisch)

Der Aufguss aus den roten, fleischigen Blütenkelchblättern hat einen fruchtigsäuerlichen Geschmack. Das Getränk wirkt entkrampfend auf Magen und Darm. Außerdem findet das Kraut zum Färben und Würzen vieler Früchtekräutertees Verwendung.

Honeybush-Tee (Cyclopia intermedia)

Honeybush-Tee, auch Bergtee oder Kaptee genannt, stammt aus Südafrika. Honeybush, auf Deutsch Honigbusch, ist eine an Hängen und in Gebirgslagen wachsende strauchartige Pflanze. Ihren Namen hat sie vom Duft der Blüten, der sehr stark an Honig erinnert. Die Triebe und Blüten werden gepflückt, getrocknet und unter höheren Temperaturen in einem Ofen fermentiert.

Seit etwa 200 Jahren ist die positive Wirkung des Tees, der verschiedene Spurenelemente wie Kalium, Kalzium, Zink, Mangan und Eisen enthält, vor allem bei Beschwerden der Atmungsorgane bekannt.
In seinem Ursprungsland wird Honeybush-Tee vor allem wegen seiner natürlichen Honigsüße häufig dem Schwarztee vorgezogen. Da er fast kein Koffein enthält, ist er ein ideales Getränk für die Abendstunden.

Ingwer (Zingiber officinale)

Ingwer fördert die Verdauung, er hilft bei Krämpfen sowie bei Magen- und Darmbeschwerden. Außerdem regt er die Durchblutung an. Ingwertee wirkt zudem schweißtreibend und wird deshalb bei Erkältungen und auch zur Vorbeugung eingesetzt, um die körpereigenen Immunkräfte zu stärken.

Kamille (Matricaria chamomilla)

Ein aus frischen oder getrockneten Blütenköpfen dieser Pflanze zubereiteter Tee ist nicht nur wohlschmeckend und aromatisch. Dank seiner Inhaltsstoffe wirkt er entzündungshemmend, krampflösend, antibakteriell. Gerade bei Magen- und Darmstörungen ist Kamillentee ein beliebtes Hausmittel. Bei Hautproblemen und Entzündungen wird die Heilpflanze äußerlich als Badezusatz oder Tinktur angewendet.

Knoblauch (Allium sativum)

Knoblauch wird in vielen Kulturen geschätzt, nicht nur wegen des guten Geschmacks. Seine heilkräftigen Wirkungen sind hinlänglich bekannt: antibakteriell und antimykotisch, leicht blutdrucksenkend. Außerdem verbessert er die Fließeigenschaften des Blutes.

Lapacho-Tee (Tabebuia impetiginosa)

Lapacho-Tee, auch Inkatee genannt, wird aus der rotbraunen inneren Rinde des südamerikanischen Lapachobaumes gewonnen. Für die Indios ist die Rinde seit alters ein Heilmittel für alle möglichen Beschwerden. Sie geben das Wissen um die Heilkraft und die vielfältigen Anwendungsmöglichkeiten von Generation zu Generation weiter.

Die Rinde des Regenwaldbaumes wandert während seiner Wachstumszeit langsam nach außen und verhärtet sich. Die Färbung der Rinde wird immer dunkler, bis sie zur äußeren Rinde des Baumes wird. Die Rinde, die innerhalb eines Jahres nachwächst, wird abgeschält und zermahlen. Aus den Spänen wird ein Absud hergestellt. Der aromatische Tee ist reich an Gerbstoffen und Mineralien. Lapacho-Tee wird

Der Klassiker unter den Heiltees: Kamillentee besteht aus frischen oder getrockneten Blüten. Der Tee wirkt entzündungshemmend, krampflösend und antibakteriell.

als Genussmittel, aber auch zur unterstützenden Behandlung bei verschiedenen Krankheiten wie Bronchitis, Blutarmut, Zuckerkrankheit, Magenschleimhautentzündung und zur Vorbeugung von Krebs getrunken. Zur äußerlichen Anwendung bei Ekzemen, Abszessen und Pilzen wird er ebenfalls eingesetzt.

Lindenblüten (Tilia)

Es gibt zwei Arten der Linde, die Winterlinde (Tilia cordata) und die Sommerlinde (Tilia platyphyllos). Die von beiden Arten geernteten Blüten und Blätter der Zweigspitzen verströmen auch nach dem Trocknen immer noch ihren leicht nach Honig riechenden Duft. Der daraus zubereitete Tee wirkt schweißtreibend und beruhigend. Vor allem bei Erkältungen und bei Erkrankungen der Atemwege wird Lindenblütentee eingesetzt.

Der aromatische Pfefferminztee ist ein altbewährtes Hausmittel gegen vielerlei Beschwerden.

Das „grüne Gold der Indios": Mate-Tee stammt ursprünglich aus Brasilien und wird grün oder geröstet angeboten.

Löwenzahn (Taraxacum officinale)

Der aus den getrockneten Pfahlwurzeln und Blättern der Pflanze zubereitete Tee hat einen leicht bitteren Geschmack. Er wirkt blutreinigend, appetitanregend, harntreibend und antirheumatisch.

Mate-Tee (Ilex paraguayensis)

Brasilien ist das Heimatland des Mate-Tees. Das „grüne Gold der Indios" wird aus den Blättern verschiedener Arten der Stechpalme (Ilex) gewonnen, die grün oder geröstet angeboten werden. Mate-Tee wird wie schwarzer Tee gewelkt und geröstet.
Dem Kräutertee werden gesundheitsfördernde Eigenschaften zugeschrieben. Er hilft bei geistiger und körperlicher Erschöpfung und regt Verdauung und Stoffwechsel an.

Melisse (Melissa officinalis)

Aus den getrockneten Blättern der auch unter den Namen Zitronenmelisse und Gartenmelisse bekannten Pflanze wird ein aromatischer Tee zubereitet. Der Aufguss schmeckt sehr frisch, wirkt krampflösend, entspannend und zudem nervenberuhigend. Melisse ist dank ihres angenehmen Geschmacks häufig Bestandteil von Kräuterteemischungen. Besonders bei Schlaflosigkeit und Nervosität kommt Melisse zur Anwendung.

Orthosiphon (Orthosiphonis folium)

Die Pflanze ist auch unter dem Namen Katzenbart bekannt, nach den auffallend langen Staubblättern. Sie ist vor allem in Südostasien und Australien beheimatet. Die Orthosiphonblätter werden als Heildroge auch unter dem Namen Javanischer bzw. Indischer Nierentee vertrieben.

Die Pflanze besitzt eine harntreibende und schwach krampflösende Wirkung. So wird der Tee als Entwässerungsmittel bei Harnstauung und bei verschiedenen anderen Blasen- und Nierenerkrankungen eingesetzt.

Ein Aufguss mit Melisse schmeckt frisch, wirkt entspannend und beruhigend.

Frische Minze wird gerne auch in Mischungen zur Verbesserung des Geschmacks verwendet.

Pfefferminze (Menthae piperitae)

Für den aromatischen Pfefferminztee werden die Blätter oder das gesamte Kraut (auch die zerkleinerten Stängel) der ursprünglich aus England stammenden Pflanze verwendet. Der Aufguss mit seinem kühlen und erfrischenden Geschmack hilft bei Magen-Darm-Beschwerden, Blähungen, Übelkeit und bei Kopfschmerzen. Pfefferminze wird außerdem oftmals in Mischungen zur Verbesserung des Geschmacks verwendet. Pfefferminzöl ist ein probates Hausmittel gegen Kopfschmerzen.

Ein Tee aus Salbei galt im Altertum als Zauber- und Liebesmittel.

Rooibos-Tee (Aspalathus linearis)

Aus den Blättern des südafrikanischen Rotbuschstrauches, einer teeähnlichen Pflanze, wird ein wohlschmeckender Kräutertee gewonnen. Der koffeinfreie und gerbstoffarme Tee, auch Massai-Tee genannt, hat eine kräftige Farbe, schmeckt sehr aromatisch und ist ein ideales Getränk auch für Kinder. Dank seiner wertvollen Inhaltsstoffe stärkt Rooibos-Tee das Immunsystem, hilft bei Magen-Darm-Beschwerden und wirkt auf sanfte Weise beruhigend und schlaffördernd.

Salbei (Salvia officinalis)

Für den leicht bitter schmeckenden Tee werden die Blätter des Echten Salbeis oder Garten-Salbeis verwendet. Der Aufguss wirkt antiseptisch, entzündungshemmend, senkt den Cholesterinspiegel und regt den Kreislauf sowie das Immunsystem an.

Thymian (Thymus serpyllum)

Aus den getrockneten Blättern der stark duftenden Heil- und Gewürzpflanze wird ein aromatischer Tee zubereitet, der eine krampf- und schleimlösende Wirkung besitzt.

Tipps für die Zubereitung

Die meisten Früchte-, Kräuter- und Gewürztees (als durchschnittliche Dosierung gilt pro Tasse ein Teelöffel) werden mit kochendem Wasser übergossen und dann nach fünf bis zehn Minuten abgeseiht.
Bei Teemischungen ist auf die verschiedensten Bestandteile zu achten.
Während reine Genusstees am besten mit Honig leicht gesüßt werden können, sollte bei Heiltees auf Zucker oder auch auf künstliche Süßstoffe verzichtet werden.

Kräuter sammeln

Wer selbst Wildkräuter für wohlschmeckende und auch heilwirksame Tees pflücken möchte, sollte sich der Verantwortung gegenüber der Natur bewusst sein und nur solche Pflanzen sammeln, die nicht unter Naturschutz stehen. Dabei ist auf die verschiedenen Erntezeiten zu achten, zu denen die Pflanzen ihre Wirkstoffe voll entfalten. Auch sollte man nicht in der Nähe von Autobahnen, viel befahrenen Straßen und an durch Umweltgifte und Dünger belasteten Plätzen sammeln.

Teeplantage in Shizouka, Japan. Die erste Ernte erfolgt in mühevoller Handarbeit.

Aufgrund ihrer Inhaltsstoffe, wie beispielsweise ätherische Öle, Mineralien und Spurenelemente, sind grüner und schwarzer Tee auch Naturarzneien. Die in dem Getränk enthaltenen Gerbstoffe wirken entzündungshemmend, beruhigend auf Magen und Darm und heilend bei Erkältungen auf die Atemwegsschleimhäute. Dabei spielt die Aufgusszeit eine nicht geringe Rolle. Je länger der Tee zieht, desto mehr Gerbstoffe werden freigesetzt. Dadurch erhält der Tee einen etwas herberen Geschmack. Da grüner Tee mehr Gerbstoffe als schwarzer Tee enthält, sollte er nicht länger als zwei Minuten ziehen.

Nach neuesten Untersuchungen kann durch den regelmäßigen Teegenuss das Herzinfarktrisiko gesenkt und die Gefahr, an Krebs zu erkranken, gemindert werden.

In geringen Mengen ist auch Theophyllin in den Teesorten enthalten. Dieser Inhaltsstoff wirkt kreislaufanregend und muskelentkrampfend.

Vor allem grüner, aber auch schwarzer Tee ist reich an Fluor. Das chemische Element stärkt die Zähne und erhöht die Widerstandskraft des Zahnschmelzes gegen Säure und Bakterien und hemmt dadurch die Kariesbildung.

Tee sollte nie länger als angegeben ziehen. Er kann sonst bitter werden.

Grüntee enthält sehr viel Vitamin C, das beim Fermentieren zerstört wird.

Nicht zu vergessen, ungezuckerter grüner oder schwarzer Tee ist kalorienfrei und daher als Diätgetränk geeignet.

Tee als Hausmittel

Aufgebrühte und abgekühlte Teebeutel sind wohltuend bei müden Augen.

Bei einem leichten Sonnenbrand bringen Kompressen, die mit kaltem Tee getränkt werden, Linderung.

Fischgeruch in Pfannen verschwindet, wenn man sie mit nassen Teeblättern einreibt.

Gartenliebhaber düngen ihre Pflanzen mit aufgegossenem Tee.

Japanische Wissenschaftler haben nachgewiesen, dass das im Tee enthaltene Tannin Formaldehyd-Ausdünstungen bindet. Wer also den Geruch von frischer Farbe oder Kleber nicht ertragen kann, sollte in den davon betroffenen Räumen Teebeutel mit schwarzem oder grünem Tee aufhängen. Dies trägt zu einer wesentlichen Abnahme der Formaldehyd-Konzentration bei.

Richtige Aufbewahrung

Grüner wie auch schwarzer Tee sollte in gut schließbaren Gefäßen kühl, trocken und lichtdicht aufbewahrt werden. Besonders geeignet sind Behälter aus Keramik, Glas, Kunststoff oder Porzellan. Bei Gefäßen aus Metall scheiden sich die Geister. Während viele Teeliebhaber grundsätzlich davon abraten, sehen andere wiederum einen Vorteil in der luftdichten und dunklen Art der Aufbewahrung in Metalldosen.

Tee sollte auf keinen Fall neben Kaffee oder stark riechenden Gewürzen gelagert werden. Die empfindlichen Teeblätter könnten dadurch ihr feines Aroma verlieren. Ebenso schädlich ist auch der aufsteigende Dampf von Herd oder Spülbecken.

Teedosen gibt es in den unterschiedlichsten Formen, Größen und Ausführungen. Ob aus Holz oder Metall: Sie sollten unbedingt gut schließen.

Die hohe Kunst der Zubereitung

Teeritual in China

Lu Yü, der große Teemeister, erkannte als Erster, dass Teegenuss nur mit Teekultur möglich ist. In seiner Abhandlung über die Teezubereitung wird das Wasser erhitzt, bis es beginnt, Bläschen zu bilden wie Fischaugen, und bis die Luft vom Kochen des Wassers zu singen beginnt. Nun hat das Wasser seinen ersten Grad erreicht. Bevor ein Teil des Wassers abgeschöpft wird, gibt man eine Prise Salz dazu und legt zur Beruhigung des Wassers einige Bambusstäbe hinein. Dann gibt man dem Wasser genauso viel Pulvertee hinzu, dass die Wasseroberfläche von einer dünnen Schicht bedeckt ist. Anschließend wird das abgeschöpfte Wasser dazugegeben, um die Temperatur zu senken. Der Tee wurde in der Regel aus schlichten Tonschalen, die oft einen nach außen geschwungenen Rand hatten, heiß getrunken. Diese Art der Teezubereitung wurde entlang den Seidenstraßen verbreitet.
Bis heute ist der Pulvertee bei entlegenen Bergvölkern Zentralchinas und Ost-Turkestans gebräuchlich. Auch bei den Nomadenvölkern

Zur klassischen Teezeremonie gehört ein harmonisches Umfeld im Einklang mit der Natur.

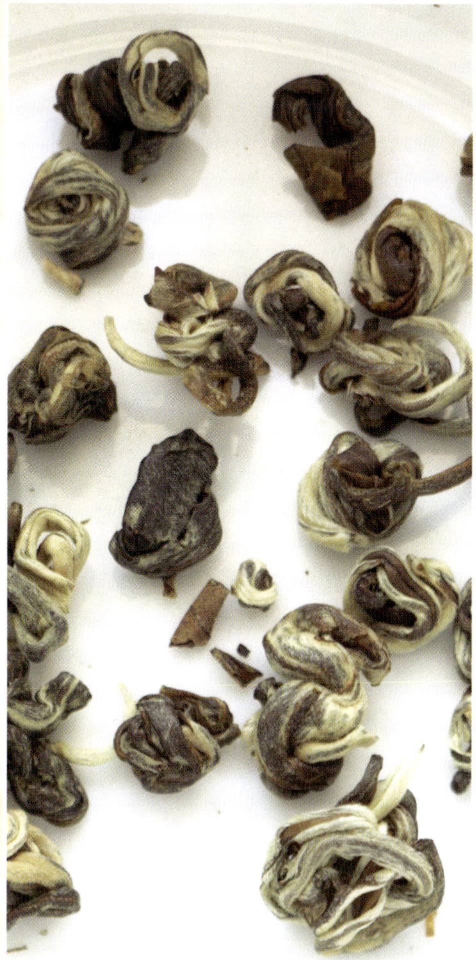

Die sorgfältige Auswahl der Teesorte, die Art des Aufgusses, das Teeservice und die Beigaben sind Bestandteile der Teezeremonien.

der Mongolei und Tibets gibt es noch diese Teekultur, allerdings in etwas abgewandelter Form, es sind so genannte Teesuppen.

Wesentlich verfeinert wurde der Teegenuss während der Song-Dynastie (960–1279). Auch fanden jetzt nur noch schwarze Teeschalen Verwendung, um den wunderbaren farblichen Kontrast von Schwarz zum jadegrünen Tee schön zu präsentieren.

Man gab etwas Teepulver in die vorgewärmte Schale, das mit etwas heißem Wasser überbrüht wurde. Es durfte aber nur so viel sein, dass, während man mit dem Bambusbesen rührt, eine Paste entsteht. Dann goss man das inzwischen abgekühlte restliche Wasser hinzu und begann mit kreisenden Bewegungen den Tee so lange zu schlagen, bis die Oberfläche mit einem Schaumfilm bedeckt ist. Dabei durfte aber weder Wasser verspritzt noch der Schalenrand befeuchtet werden. Bei diesen Wettbewerben, die am Kaiserhof stattfanden, wurde dann der „Teemeister" ausgezeichnet, dessen Schaum am längsten hielt.

Zum Ende der Song-Dynastie wurde der Tee Handelsware. Durch Kaufleute, Beamte und kleinere Duodezfürsten (Mandarine) kam das bisher nur dem Kaiserhof vorbehaltene Getränk auch zum normalen Volk. Ideenreiche Teehändler veredelten minderwertige Teesorten durch wohl riechende Essenzen und Blüten. Auf diese Weise entstanden die ersten Aromatisierungen, wie etwa der Jasmin-, Rosenblüten- und Kwaiflowertee.

Klassische Zubereitung

Während der Ming-Dynastie (1368–1644) begann die Entwicklung der noch heute üblichen klassischen Teezubereitung, die „Zwei-

Yixing ist berühmt für seine erlesenen Keramiken, die bei der traditonellen Teezeremonie Verwendung finden.

Kannen-Methode". Nun wurde der Tee nicht mehr zu Pulver zermahlen und gepresst, sondern man verwendete ganze Teeblätter. Neue Gefäße, die luftdicht verschlossen werden konnten, erlaubten den Teemeistern, ihre Tees über einen längeren Zeitraum lagern zu können. Die rasche Entwicklung der Keramik- und Porzellanmanufakturen ermöglichten nun, entsprechende Behältnisse für einen sicheren Transport und eine gute Lagerung der Teeblättchen herzustellen.

Für das Ritual aus der Ming-Zeit werden zwei Kännchen (eines aus Porzellan, eines aus Keramik) sowie eine Wasserschüssel und für jeden Teetrinker eine Tasse mit heißem Wasser übergossen. In das nun vorgewärmte und angefeuchtete Kännchen aus Keramik werden die Teeblätter gegeben und mit etwa 80 °C heißem Wasser aufgegossen. Unmittelbar danach wird das Wasser wieder abgegossen. Dann gießt man heißes Wasser über die Blätter, lässt den Sud etwa ein bis zwei Minuten ziehen und gießt dann den Tee in die inzwischen leere Kanne aus Porzellan ab.

Chinas populärstes Geschirr in der Ming-Zeit war das Blau-Weiß-Porzellan, in China unter dem Namen Ching-Te-Chen-Porzellan bekannt. Die Bezeichnung geht auf den Standort der Manufakturen für dieses Porzellan in der Provinz Jianxi zurück. Chinesisches Porzellan wurde zu einer sehr begehrten Handelsware und war in Europa lange Zeit ein Luxusgut.

Gong Fu Cha

Bis heute hat sich die chinesische Teezeremonie „Gong Fu Cha", die sich in der Ming-Dynastie entwickelte, nicht wesentlich verändert. Diese Zeremonie stammt aus der südchinesischen

Provinz Fudjien. Diese Art, Tee zu trinken, regeneriert den Körper, dient der Entspannung und der Freude an schönen, handgefertigten Utensilien. Für das Teevergnügen benötigt man mehrere Kännchen und einen Teetisch aus Bambus, Rosenholz oder Keramik mit einer Auffangschale für überschüssiges Wasser. Unerlässlich für diese genussvolle Art, Tee zu trinken ist außerdem das „Teebesteck".

Bei der Gong-Fu-Cha-Zeremonie sitzt der Gastgeber hinter dem Teetisch, während die Gäste sich um den Tisch herum gruppieren. Das Kännchen wird zunächst mit heißem Wasser gefüllt, der Deckel aufgesetzt, und nun wird das Kännchen auch von außen mit heißem Wasser übergossen. Anschließend werden auch die Teeschalen mit dem Wasser aus dem Kännchen aufgewärmt. Diese Prozedur zählt noch zu den Vorbereitungen.

Für die eigentliche Teezubereitung wird nun das Kännchen bis zu einem Drittel mit Teeblättern gefüllt. Diese werden dann in kreisenden Bewegungen mit heißem Wasser übergossen. Nun wird wiederum der Deckel aufgesetzt und noch etwas heißes Wasser von außen über das Kännchen gegossen.

Dieser erste Aufguss, der sofort in die Teeschälchen (zum Beduften) abgegossen wird, dient dazu, den Tee zu „waschen". Zugleich öffnen sich durch diesen Vorgang die Blattporen, und die Bitternote der späteren Aufgüsse wird gemildert.

Nun wird ein zweites Mal das Kännchen mit Wasser gefüllt. Nach einer Ziehzeit von ungefähr 10 bis 30 Sekunden gießt man aber die Schalen nicht sofort voll, sondern abwechselnd Schicht um Schicht. Auf diese Weise werden alle Aufgüsse in den Schalen gleich kräftig. Diese Zeremonie wird nun weiter so fortgesetzt, wobei sich die Ziehzeit pro Aufguss jeweils um zehn Sekunden verlängert.

Wichtige Verhaltensregeln

Zuerst schenkt man älteren Personen ein und wartet dann geduldig ab, bis diese zu trinken begonnen haben.

Erst nachdem alle Schalen gefüllt sind, beginnt man selbst zu trinken.

Das Trinkgefäß wird immer mit Daumen und Zeigefinger gehalten und von unten mit dem Mittelfinger gestützt.

Man kostet langsam den Tee, genießt den wunderbaren Duft und schlürft ihn geräuschvoll. Letzteres soll den Geschmack durch Zufuhr von Sauerstoff verstärken.

Die Pausen zwischen den einzelnen Teeaufgüssen dienen der Unterhaltung.

Das „Teebesteck"

Teeschaufel, um den Tee aus dem Teegefäß zu entnehmen.

Trichter zum Einfüllen des Tees in das Kännchen.

Pinzette zum Bedienen des Deckels, um die Schälchen aus der Wasserschale zu nehmen oder um Teeblätter zum Betrachten auszusondern.

Teenadel, um die durch ein Teeblatt verstopfte Tülle zu reinigen.

Teeschälchen.

Wasserschale aus Ton, um Kanne und Schälchen vorzuwärmen oder abzuspülen.

Heißes, weiches Wasser.

Einige Gebäckstücke, um den Geschmack zwischen verschiedenen Teesorten zu neutralisieren.

Teeritual in Japan

Die japanische Teezeremonie entstand aus alten Ritualen, die ursprünglich von buddhistischen Mönchen durchgeführt wurden. Die Teezeremonie (Chanoyu), die Zubereitung und das Trinken von Tee, eigentlich eine alltägliche Handlung, wandelte sich zum Teeweg (Chado), ein Weg der Selbsterfahrung und Schulung des Bewusstseins. Do bedeutet „Weg", ein spiritueller Weg, den man immer weiter gehen muss. In Japan entwickelten sich verschiedene Disziplinen wie Judo, Kendo (Schwert), Kyudo (Bogen), Kodo (Duft) und Kado (Blumen), die das gleiche Ziel haben.

Die heute praktizierte Form des Teewegs geht auf den berühmten Teemeister Sen no Rikyu zurück. Vier Prinzipien nannte er als Voraussetzung: Harmonie (Wa), Ehrfurcht (Kei), Reinheit (Sei) und Stille (Jaku). Die Harmonie und Einheit mit der Natur wird ebenso gefordert wie die Wertschätzung, die Achtung aller Menschen und Dinge. Die Reinheit bezieht sich nicht nur auf die äußere, sondern auch auf die innere Reinheit der Gedanken. Wenn man die ersten drei Prinzipien Wa, Kei und Sei befolgt, so findet man mit der Zeit zu der inneren Gelassenheit (Jaku).

Der Teeweg ist ein andauernder Lernprozess, ein Erleben der kosmischen Einheit. Rikyu meinte: „Man ruft im Sommer ein Gefühl von Kühle hervor, im Winter warme Geborgenheit. Man verbrennt Kohle und sieht das Wasser kochen, man macht Tee und sieht, dass er gut schmeckt. Es gibt kein anderes Geheimnis." Doch braucht es sehr viel Übung, um eine Teezeremonie durchzuführen.

In japanischen Teeschulen lehren speziell ausgebildete Teemeister die Kunst des Teeweges und der Teezeremonie. Je nach Schule, aus der ein Teemeister hervorgegangen ist, können die Regeln der Teezeremonien etwas unterschiedlich sein. Wer die Möglichkeit hat, einer japanischen Teezeremonie beizuwohnen, sollte diese Gelegenheit auf jeden Fall wahrnehmen.

Ursprünglich war der Teeraum in Japan ein Teil des Wohnhauses. Daraus entwickelte sich mit der Zeit ein eigenständiges japanisches Teehaus.

Die Übereinstimmung der äußeren Bewegung mit der inneren Haltung ist Voraussetzung.

Gleichermaßen sparsam und effektiv sind die Bewegungen des Gastgebers.

Zu Abschluss des Mahls serviert der Gastgeber eine Süßigkeit für den kommenden dicken Tee (Koicha).

Eine formelle Teezusammenkunft (Chaji)

Eine traditionelle Teezusammenkunft, verbunden mit einer Mahlzeit, kann Stunden dauern. Wird sie in einem Teehaus durchgeführt, das in einem so genannten Teegarten liegt, ist bereits das Durchschreiten des Gartens eine ganz eigene besondere innere Vorbereitung.
Das Teeritual wird in einem schlichten Teeraum, der nur mit Reismatten ausgelegt ist, mit den genau vorgeschriebenen Teeutensilien abgehalten.
Die Bewegungen des Teemeisters und der Gäste sind ebenso sparsam wie fließend und effektiv und nach vorgeschriebenen Abläufen ausgerichtet. Die Zeremonie kann bis zu vier Stunden oder auch länger dauern und hat das Ziel, den Geist von all dem, was ihn beschwert und belastet, frei zu machen.

Bei der Teezermonie gibt es gewöhnlich zwei verschiedene Formen für das Sommer- und Winterhalbjahr: die Furo-Saison (von Mai bis Oktober) und die Ro-Saison (von November bis April). Der Begriff Furo bezeichnet eine tragbare Feuerstelle, Ro hingegen die im Fußboden eingelassene Herdstelle (Feuergrube). Die beiden Ausprägungen unterscheiden sich grundsätzlich voneinander, das betrifft sowohl den Ablauf, die Gerätschaften wie auch die ganze Atmosphäre. Der folgende Ablauf einer Zusammenkunft im Sommer ist nur eine von vielen Varianten.

Der Beginn

Alle Gäste versammeln sich zum festgelegten Zeitpunkt in einem Warteraum. Dann gehen sie gemeinsam in den Garten und nehmen auf einer Wartebank Platz, bis der Gastgeber erscheint und sie schweigend mit einer tiefen

Mit dem Bambusbesen wird der Tee sämig gerührt. Koicha heißt der „dicke" grüne Tee, der als die erste der zwei Teesorten zubereitet wird.

Verbeugung begrüßt. Nun durchschreiten die Gäste nacheinander den Garten und reinigen an einem Wasserbecken Hände und Mund.

Der Eingang zum Teeraum ist klein und niedrig, sodass jeder gezwungen ist, sich tief zu bücken und eher hineinzukriechen, als den Raum zu betreten. Eine Haltung, die demütig und respektvoll ist, und sämtliche Standesunterschiede verschwinden lässt: Alle Menschen sind gleich. Das Innere des Raumes ist sparsam dekoriert. Teemeister Rikyu meinte dazu, nichts im Teeraum sollte den Geist der Anwesenden vom Wesentlichen ablenken.

Alle verwendeten Geräte und Speisen, auch die Schriftrolle und Blumen, sind daher mit größter Sorgfalt ausgewählt und aufeinander abgestimmt. Sie sind aber niemals Ausdruck des bloßen Ästhetizismus. Sie dürfen die Wachsamkeit und Konzentration der Gäste nicht ablenken. Denn der Zen-Weg soll der Mittelpunkt des Teewegs sein.

In der Bildnische (Tokonoma) hängt eine Schriftrolle mit einem Zen-buddhistischen Spruch (ein Gedanke oder eine Weisheit), der sich auf den Anlass des Tages bezieht und von den Gästen nacheinander ausgiebig betrachtet wird. Über einer Feuerstelle steht der eiserne Wasserkessel, in dem leise das Wasser summt. Wenn alle Gäste sitzen, erscheint der Teemeister bzw. Gastgeber und begrüßt sie einzeln. Er serviert ein leichtes mehrgängiges Mahl. Anschließend legt der Gastgeber auf zeremonielle Art und Weise neue Holzkohlen in die Feuerstelle. Er bietet seinen Gästen etwas Süßes an, das den Geschmack auf den kommenden (ungesüßten) Tee vorbereitet.

Danach verlassen die Gäste den Raum und warten in dieser Pause zwischen dem ersten und dem zweiten Teil der Zusammenkunft nochmals im Garten. Mit dem Klang eines Gongs wird den Gästen signalisiert, dass der Teeraum für den zweiten Teil vorbereitet ist. Sie kehren dorthin zurück. Nun finden sie in der Bildnische statt der Schriftrolle eine Vase mit Blumen. Neben der Feuerstelle und dem Teekessel stehen nur das Gefäß für frisches Wasser und davor ein Keramik-Teebehälter (Chaire) in einem Stoffbezug. Der Gastgeber bringt jetzt nach und nach die anderen Gerätschaften wie die Teeschale mit einem aus Bambus gefertigten Besen (Chasen), Tuch und Bambuslöffel, den Spülwasserbehälter mit dem Bambusschöpfer und Deckeluntersetzer herein.

Für die zweite Teesorte, den leicht geschlagenen Tee (Usucha), wird dem Gast eine leichte Süßigkeit angeboten.

Zum Abschluss wird für jeden Gast eine Schale mit „dünnem" Tee zubereitet. Er heißt Usucha.

Nun beginnt der Gastgeber mit streng festgelegten Handgriffen und Bewegungen die Zubereitung des Tees. Mit dem Bambusschöpfer gibt er ein wenig heißes Wasser in die Teeschale, um die Schale und den Teebesen zu reinigen und gießt das Wasser in das Spülwassergefäß aus. Dann gibt er reichlich Teepulver mit dem Löffel in die Teeschale, fügt mit dem Schöpflöffel heißes Wasser hinzu und rührt den Tee mit dem Bambusbesen sämig.

Klänge und Geräusche in der Stille werden von den Anwesenden aufmerksam wahrgenommen: das Summen des Wasserkessels, das Schlurfen der Füße auf der Tatami, das Plätschern des Wassers beim Eingießen, das Schlagen des Pinsels, das Rascheln des Seidentuchs.

Nun stellt der Teemeister die Schale mit dem fertigen dicken grünen Tee (Koicha) nieder. Der Gast holt die Schale, trinkt langsam drei Schluck Tee, reinigt den Rand der Schale mit einem feuchten Tuch und reicht sie dem nächsten Gast, der auch drei Schluck Tee trinkt. Danach schließt der Gastgeber diesen Teil der Teezeremonie, indem er alle Teegeräte reinigt und sie den Gästen zur Betrachtung vorlegt. Er legt nochmals Holzkohle nach.

Der folgende Abschnitt der Zeremonie ist weniger formell und im Gegensatz zur vorigen Koicha-Zubereitung, wo fast nicht gesprochen wird, von zurückhaltendem Gespräch begleitet. Der Gastgeber bringt eine leichte Süßigkeit

sowie anschließend die Teegeräte mit einer neuen Teeschale und einer anderen Teesorte in einer Lack-Teedose (Natsume). Er bereitet für jeden Gast eine Schale mit diesmal schaumig geschlagenem dünnen Tee (Usucha). Nach dem kurzen Abschiedgespräch mit jedem einzelnen Gast beendet er die Teezusammenkunft. Der Gastgeber sitzt allein im leeren Teeraum, um den Nachklang des Tagesablaufs in der Stille zu genießen.

Am besten lässt sich die Zeremonie mit den Worten von Dr. Sen Soshitsu, dem 15. Familienoberhaupt der Urasenke-Teeschule, beschreiben: „In meinen Händen halte ich eine Schale Tee. Seine grüne Farbe ist wie ein Spiegel der Natur, die mich umgibt. Ich schließe die Augen. Tief in mir finde ich die grünen Berge und das klare Wasser ihrer Quellen. Ich sitze alleine oder im kleinen Kreise lieber Menschen, werde still und fühle, wie all dies ein Teil von mir wird."

Mit einer Verbeugung würdigt der Gast den Gastgeber und bedankt sich für den Tee.

*„Plaudernd genießen wir eine Schale grünen Tees –
dunstverhüllte Blüten öffnen sich in den Wolken."
Nishikoribe no Hikogimi*

Teeritual in England

Für die Engländer ist die „teatime" eine gesellschaftliche Institution. Vor allem der berühmte „Five o'Clock Tea" hat eine lange Tradition. Diese soll ihren Ursprung im 18. Jahrhundert haben, als Herzogin Anna von Bedford lebte. Sie litt vor dem abendlichen Dinner immer so sehr unter ihrem knurrenden Magen, dass sie diesen mit etwas Tee und Gebäck beruhigte.

Schon bald wurde diese Tradition zu einem besonderen Ereignis hochstilisiert und entsprechend zelebriert. Feinste Tischdecken, kostbares Teegeschirr und ausgewählte Speisen wie Sandwiches, Gebäck oder Petits Fours gehörten immer dazu.

Später kamen zu der rituellen Five-o'Clock-Teestunde noch der Early Morning Tea, direkt am Bett getrunken, der Breakfast Tea zum Frühstück sowie der High Tea, der dann zum Abendessen gereicht wurde.

Die englische „teatime" hat eine lange Tradition und ist eine gesellschaftliche Institution – einfach „very british".

Für den Nachmittagstee wird gewöhnlich ein starker Tee zubereitet, der mit frischer Milch serviert wird. Besonderer Wert wird dabei auf das so genannte „m.i.f."-Prinzip (Milk-in-first-Prinzip) gelegt. Es wird erst die Milch und dann der aufgebrühte Tee in die Tasse gegossen. Hier scheiden sich die Geister: Die einen beharren auf dieser Tradition, andere sagen, zuerst muss der Tee in die Tasse. Anschließend wird jedenfalls nach Bedarf gesüßt.

Japanische Teehäuser

Ursprünglich war der Teeraum ein Teil des Wohnhauses, ein abgegrenzter Bereich des Empfangszimmers. Neben den opulenten Teewettbewerben im 14. Jahrhundert gab es den „Tee im Studierzimmer". Auch hier wurde viel Wert auf Prunk und Pracht gelegt, entsprechend waren die Räume sehr repräsentativ ausgestattet. Beginnend mit Murata Shuko ging dann die Entwicklung weg von den großen Veranstaltungen zu einem eigenständigen, kleineren Teeraum. Er beschränkte den Platz auf eine bestimmte Größe: den quadratischen Viereinhalb-Matten-Raum, da die Größe viereinhalb Tatami-Matten entsprach – für den Teeraum eine ideale Größe (ca. 2,86 x 2,86 Meter). Die quadratische Form leitet sich vom Taoismus her: Durch die genau festgelegte Größe der Tatami-Matte ist nur mit zwei oder viereinhalb Matten eine quadratische Form möglich. Das Quadrat gilt als Symbol für die vier Himmelsrichtungen, die vier Jahreszeiten (für die vier Seiten) und die fünf Grundelemente Wasser, Feuer, Erde, Holz und Metall (für die fünf Matten). Die Besinnung auf das Innere, Einfache und Wesentliche wurde hier bereits sichtbar bei den Materialien und den Gerätschaften. Das verstärkte sich noch bei Takeno Joo, der den Drei-Matten-Raum schuf und einfache, natürliche Materialien und Gegenstände bevorzugte. Erstmals gab es jetzt ein frei stehendes Teehaus (Sukiya) und einen Teegarten (Roji). Der Teegarten diente als Grenze zwischen der äußeren und der inneren Welt.

Die vollkommene Reduzierung auf das Wesentliche wurde schließlich von dem berühmten Teemeister Sen no Rikyu geschaffen. Er reduzierte den Raum auf zwei Matten und entwickelte den kleinen niedrigen Eingang, der jeden Gast und den Gastgeber auf die gleiche Stufe stellte. Standesunterschiede gab es hier nicht. Nichts sollte die Harmonie des Treffens beeinträchtigen. Die Einfachheit und Schlichtheit waren maßgebend: Das galt für die Baumaterialien ebenso wie für die spärliche Dekoration und die Gebrauchsgegenstände.

Die Nachkommen von Sen no Rikyu, besonders sein Enkel Sen Sotan (1578–1658), erneuerten die Teekunst ganz im Stil Rikyus.

Ein japanisches Teehaus: Der Fokus ist hier ganz auf das Innere gerichtet, das Einfache, das Wesentliche.

Englische Teehäuser

Anfang des 18. Jahrhunderts wurden Englands Kaffeehäuser zu Teehäusern. Da diese ausschließlich den Männern vorbehalten waren, übernahmen die Frauen zu Hause die neue Sitte. Im Jahr 1717 eröffnete Thomas Twining den ersten Tea Room, eine Teestube, die allen offen stand. Schon bald entwickelten sich weitere, für die Öffentlichkeit zugelassene Teestuben sowie Teegärten, in denen bei musikalischer Begleitung durch ein Orchester höchste Teekultur gepflegt wurde. Noch heute besteht in England die Tradition der „Tea Rooms" und „Tea Gardens", wenn auch meist ohne musikalische Unterhaltung und ohne hohen Anspruch an Teequalitäten. Und selbstverständlich legt man noch immer großen Wert auf die Traditon des obligatorischen Nachmittagstees, der bei den Briten einfach dazugehört.

Der britische Dramatiker Alan Ayckbourn drückte dies mit folgenden Worten aus: „Eigentlich gibt es auf Erden nur eine unumstößliche Einrichtung: die englische Teepause."

„Sind an einem Ort die edlen Leute froh beim Tee, stößt ihres Festsaals Dach am Himmel an."
(aus China)

Tipps für Zubereitung und Zubehör

Chinesische Teemeister verwenden nur Quellwasser für die Zubereitung ihres Tees.

Von der Wahl der Teesorte bis zur Art der Zubereitung – alles beeinflusst den Geschmack des Tees. Daher sollten Sie Ihren individuellen „Teeweg" für die Zubereitung suchen. Ein paar grundlegende Tipps finden Sie hier.

Bei der Auswahl der Teesorten empfiehlt sich – schon wegen der Fülle des Angebots – eine Beratung im Fachhandel. Hier können Sie sich auch über die Dosierung und die Ziehzeit informieren. Denn die genaue Teemenge für den Aufguss hängt vom verwendeten Tee und dem persönlichen Geschmack ab.

Jedenfalls sollte Tee immer frisch zubereitet und sofort getrunken werden. Egal wie man den Tee warm hält, frischer Tee schmeckt einfach am besten.

Das Wasser

Entscheidend für die Zubereitung eines guten Tees ist neben der Qualität des Tees selbst die des Wassers. Die chinesischen Teemeister wählten Wasser aus natürlichen Quellen, wenn möglich aus einer Bergquelle.

Da wir diese Möglichkeit normalerweise nicht haben, müssen wir meist auf Leitungswasser zurückgreifen. Ideal zur Teezubereitung wäre teilentsalztes Wasser. Meiden sollte man dagegen stark gechlortes oder fluoriertes Wasser. Ungeeignet ist außerdem kalkhaltiges Wasser, ebenso Wasser mit einem zu hohen Anteil an Salz, Eisen oder auch oxidiertem Magnesium.

Inzwischen gibt es für den Hausgebrauch im Handel Wasserfilter mit Kartuschen. Es ist eine unkomplizierte Art, das Wasser zu entkalken. Man muss nur die Filterkartuschen regelmäßig auswechseln.

Der Teebeutel

Die heute vielfach verwendeten Teebeutel wurden einer Erzählung nach 1904 erfunden. So soll der amerikanische Tee-Importeur Thomas Sullivan einige Teeproben in kleinen Seidenbeuteln an seine Kunden geschickt haben. Diese fanden die kleinen Beutel durchaus praktisch für die Teezubereitung. Als die Nachfrage stieg, wurde für die handlichen Beutel anstelle von Seide zunächst Musselin und dann schließlich Papier verwendet.

Als es immer mehr Teefälschungen durch Färben sowie Mischen mit anderen pflanzlichen Substanzen gab, fand ein Brite folgende Lösung. Er verkaufte Tee in versiegelten Papiertüten mit seinem Namen als Sicherheitsgarantie. Da der Unternehmer jedoch zum Verschließen der Papiertüten Klebstoff verwendete, nahm der Tee den Geschmack des Klebstoffes oder des Papiers an. Bei aus Baumwolle hergestellten Beuteln schmeckte der Tee muffig.

Erst einem Ingenieur aus dem Dresdner Haus Teekanne gelang es, eine Teepackmaschine zu entwickeln, die preiswerte Teebeutel ganz ohne Klebstoff herstellen konnte.

Heute ist der Teebeutel für alle Arten von Tee aus dem täglichen Gebrauch nicht mehr wegzudenken. Dabei ist die Form des Teebeutels nicht so sehr von Bedeutung, sondern vielmehr die Größe. Der Tee muss ausreichend Platz zum Schwimmen haben.

Inzwischen hat sich die Qualität der Beuteltees zwar deutlich verbessert, doch gibt es auch hier Unterschiede. Wer zu Beuteltee greifen muss oder will, sollte diesen am besten in Fachgeschäften kaufen.

Seit 1904 vereinfacht der Teebeutel die Teezubereitung. Echte Teefreunde und wahre Teekenner lehnen die „Fast-Food-Variante" der Bereitung ihres Lieblingsgetränks jedoch strikt ab.

Grüner Tee

Es ist ganz egal, welche Teesorte Sie bevorzugen, grüner Tee sollte nicht mit kochendem Wasser aufgebrüht werden. Er bekommt sonst einen bitteren Geschmack.
Zuerst werden Kanne und Schalen oder Tassen vorgewärmt. Das sprudelnde Wasser muss, je nach Teequalität, auf 60 bis 90 °C abkühlen. Wenn die richtige Temperatur erreicht ist, pro Tasse einen gehäuften Teelöffel grünen Tee in die Kanne geben. Den Tee mit dem abgekühlten Wasser aufgießen. Dabei sollte darauf geachtet werden, dass die Teeblätter frei schwimmen können. Nach maximal zwei Minuten, je nach Geschmack, den Tee in die Schalen oder Tassen gießen. Üblicherweise wird grüner Tee pur getrunken. Die Teeblätter sollten nicht in der Kanne verbleiben, da der Tee sonst nachbittert. Grüner Tee kann je nach Qualität bis zu dreimal aufgegossen werden. Er muss dann nur etwas länger ziehen.

Schwarzer Tee

Schwarzer Tee sollte immer mit frischem, weichem Wasser übergossen werden. Kalkhaltiges Wasser verschlechtert das Tearoma. Meist genügen ein paar Minuten Kochzeit, um das Wasser zu enthärten. Besonders zu empfehlen ist natürlich gefiltertes Wasser.
Für die Zubereitung nimmt man am besten eine Aufgusskanne. Zunächst die gewünschte Menge Teeblätter in die Kanne geben. Dann die entsprechende Menge Wasser abmessen und erhitzen. Die richtige Ziehzeit sollte man an einem Kurzzeitmesser mit Signal einstellen und das heiße Wasser über die Teeblätter gießen. Anschließend den Tee durch ein feines Sieb in eine Servierkanne abgießen. Bei Dosierung und Ziehzeit sollte man die Angaben auf der Packung beachten.
Ganz nach persönlichen Geschmack kann dem schwarzem Tee Zucker, Honig, Milch, Rahm oder Zitrone hinzugefügt werden.

Ob grüner oder schwarzer Tee – am besten schmeckt der Tee frisch aufgebrüht.

Das satte Grün der Teesträucher bedeckt die hügeligen Teegärten von Havukal in Indien.

Diese Teeplantage liegt ebenfalls in Indien – in Singampatti.

Ob aus Edelstahl, Kunststoff, Keramik oder Glas, – ein Siebeinsatz sollte immer groß genug sein, um die Teeblätter frei aufschwimmen zu lassen.

Teezubehör

Wer seine Teestunden zu einem besonderen Erlebnis machen und bewusst genießen will, wird Wert auf entsprechendes Geschirr und Zubehör legen. Bereits die Vorbereitung und Zubereitung kann auf den bevorstehenden Genuss einstimmen und zum Ritual werden. Dafür sollte man sich Zeit lassen.

Wer Gäste zum Tee bittet, dem bereitet ein schön gedeckter Tisch mit feinem Service sicher große Freude. Und als Gastgeber lässt man sich die Zubereitung und das Servieren nicht nehmen. Dabei kann man sich ein wenig bei den unterschiedlichen Zeremonien bedienen. Dazu gibt es Kekse und Gebäck oder vielleicht – ganz in englischer Manier – ein paar Sandwiches.

Hier folgen ein paar Anregungen und Tipps zu Zubehör und Beigaben.

Baumwollteenetz

Die in mehreren Größen im Handel erhältlichen „Teesocken" nehmen den Duft der Teesorte sehr schnell an. Zudem werden die Netze nach längerem Gebrauch unansehnlich. Wer trotzdem Baumwolle bevorzugt, sollte sich für verschiedene Teesorten eigene Netze zulegen.

Papierteefilter

Dieser sollte immer möglichst groß gewählt werden, damit sich das Blattgut ausdehnen und reichlich aufschwimmen kann. Manche Teeliebhaber und Teekenner empfinden den Geschmack des Filterpapiers aber als unangenehm und störend.

Siebeinsätze

Die Filtereinsätze für Teekannen gibt es aus Edelstahl, Kunststoffmaterialen, Keramik oder Glas. Sie sollten auf jeden Fall groß genug sein, um die Teeblätter frei aufschwimmen zu lassen. Viele Teekannen werden inzwischen mit einem passenden Siebeinsatz angeboten.

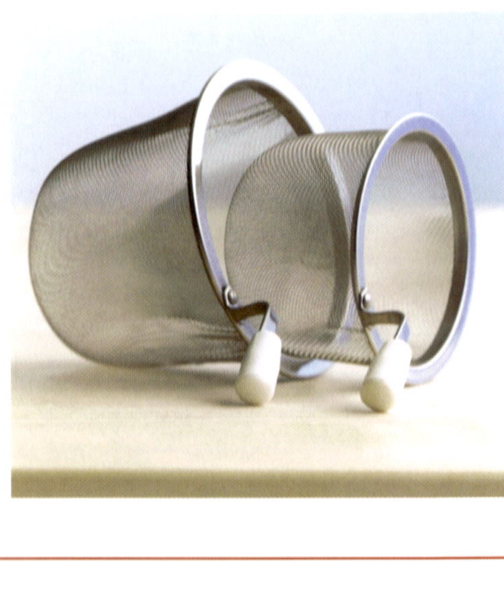

Stövchen

Mit dem kleinen Heizgerät kann man den Tee warm halten. Allerdings sollte die Kanne voll sein, denn bei einer geringen Menge wird der Tee heißer, dunkler und bekommt einen bitteren Geschmack. Hier ist eventuell eine Thermoskanne eine gute Alternative. Vor allem wenn man sich den Tee zu Hause zubereiten muss und tagsüber keine Möglichkeit mehr dazu hat.

Teeei

Häufig wird für die Teezubereitung ein Teeei aus Metall oder Porzellan verwendet. Da sich der Tee darin sehr rasch ausbreitet, kann er meist nicht richtig quellen. Das Wasser umspült die einzelnen Blättchen nicht so, wie es nötig ist, um die Vitalstoffe zu lösen. Daher ist ein Teeei nicht unbedingt zu empfehlen.

Teemaschinen

Die elektrischen Teemaschinen eignen sich vor allem für eine schnelle und bequeme Zubereitung von Tee. Bisweilen werden sie in Büros vorgezogen. Allerdings kann die Reinigung aufwändiger sein.

Teekanne

Die Teekanne wie auch das gesamte Teegeschirr sollte man nie für andere Getränke – wie etwa für Kaffee – verwenden.
Teeliebhaber besitzen für jede Teesorte eine eigene Kanne, da beispielsweise eine Teesorte wie Assam einen Darjeeling geschmacklich übertönt. Auch für Rauchtees oder aromatisierte Tees benötigt man eine eigene Kanne. Das gilt auch für Kräuter- und Früchtetees. Es gibt Kannen in den verschiedensten Formen, Größen und Materialien.
Wenn der herausnehmbare Siebeinsatz in der Teekanne zu klein ist, ist es am besten, den Tee ohne Sieb in einem geeigneten Gefäß aufzugießen. Dann können die Blätter frei schwimmen. Sobald der Tee fertig ist, wird er einfach über ein Sieb in die Teekanne abgegossen, die zum Servieren vorgesehen ist.

Stövchen gibt es in vielerlei Ausführugen und Formen. Doch Vorsicht: Die permanente Hitze kann den Geschmack des Tees beeinflussen.

Teekannen aus Gusseisen haben vor allem in Japan eine lange Tradition.

Der Inbegriff chinesischer Teekultur: Teekanne und Tassen aus feinstem Porzellan.

Bei nicht glasierten Teekannen aus Ton entwickelt sich innen schnell die gewünschte „Patina".

Teekanne aus Glas

In einer Teekanne aus Glas kann sich kein fremder Geruch festsetzen. Außerdem lässt sie sich sehr leicht reinigen. Daher ist nur eine Kanne für die verschiedenen Teesorten vonnöten. Davon abgesehen ist es ein schöner Anblick und bereits die erste Einstimmung auf den Genuss, wenn man dem Tee beim Ziehen zusehen kann.

Teekanne aus Gusseisen

Aufgrund der hohen Materialdichte lässt sich der Tee in Kannen aus Gusseisen mit Innenemaillierung sehr lange warm halten.
In Japan haben Gusseisenkannen eine lange Tradition. Sie werden dort allerdings ohne Innenemaillierung verwendet, da die Japaner in dem Rost, der sich in der Kanne bildet, eine wichtige Eisenquelle für den menschlichen Körper sehen.

Teekanne aus Porzellan

Die innen meist hell glasierten Porzellankannen nehmen nach häufigem Gebrauch eine immer dunkler werdende Glasurfärbung an.

Teekanne aus Silber

Silberkannen, die vor allem früher von Wohlstand zeugten und kunstvoll gearbeitet waren, können die Teewärme nur kurz halten.

Teekanne aus Ton

Sehr schnell erhält man die gewünschte „Patina" bei Tonkannen, die höchstens außen eine Glasur haben. Die Kanne nicht mit Spülmitteln behandeln, nicht ausbürsten, sondern nur mit klarem Wasser ausspülen und an der Luft trocknen lassen.
Bei einer neuen Tonkanne sollte erst ein starker Aufguss mit Blättern für einen ganzen Tag in die Kanne einwirken, damit sich Patina entwickeln kann.

Teetassen

Die Auswahl von Tassen reicht von kostbaren zarten Porzellangefäßen über Glas bis zu kräftigen Schalen aus Keramik. Während in China und Japan kleine henkellose Schalen verwendet werden, bevorzugt man in Russland und Marokko Teegläser. Teeschalen sollen weit geöffnet sein, damit sich das Aroma richtig entfalten kann.

Die vielfach gebräuchliche Henkeltasse ist eine englische Erfindung. Sie wurde den Krügen nachempfunden, in denen man heiße Toddys (Grog auf Whiskybasis) ausschenkte. Je nach Situation, beispielsweise im Büro, ist eine stabile große Teetasse sicher nicht schlecht.

Am besten wählt man ein Gefäß, das zur jeweiligen Situation und Stimmung passt. Es muss nicht immer dasselbe sein. Und für Gäste hat man ein ganzes Service, zu dem oftmals noch Behältnisse für Zucker und Milch sowie manchmal für Gebäck gehören.

Deckeltasse

Für die Zubereitung eines guten Tees genügt bereits eine Deckeltasse, die in Nordchina sehr verbreitet ist. Man gibt die benötigte Menge Teeblätter direkt in die Tasse und brüht mit heißem Wasser auf. Wenn die gewünschte Ziehzeit erreicht ist, wird der Deckel nur so weit verschoben, dass man aus der Tasse trinken kann. Dadurch bleiben die Teeblätter in der Tasse zurück.

Der Deckel des Porzellangefäßes sorgt dafür, dass in der Tasse die Temperatur nicht so schnell sinkt und die Inhaltsstoffe erhalten bleiben, auch schützt er vor lästigen Insekten. Die Tasse ist eine gute Alternative zum Teepott.

Teekessel

Ob nun das Teewasser in einem Edelstahlkessel auf der Kochplatte oder in dem elektrischen Schnellkocher erhitzt wird, spielt im Prinzip keine Rolle. Jedoch ist es anzuraten, bei höheren Wasserhärtegraden ein Gefäß aus Edelstahl zu benutzen, da sich darin mehr Kesselstein ablagern kann.

Teeuhr

Sandhuhren oder digitale Kurzzeitmesser ermöglichen eine genaue Ziehzeit. Oft brüht man sich Tee auf und will die Ziehzeit anderweitig nutzen

Yixing in China ist berühmt für seine Keramikerzeugnisse.

– und schon hat man den Tee vergessen. Hier helfen die Kurzzeitmesser, denn nach Ablauf der eingestellten Zeit geben sie einen lauten Ton von sich.

Teewärmer

Die meist aus Wolle oder wattierten Materialen hergestellten Wärmehauben halten den Tee länger warm. Wenn nicht unbedingt nötig, sollte man darauf verzichten und den Tee immer frisch aufbrühen.

Teezange

Dieses Teeei, das es in verschiedenen Größen gibt, besteht aus zwei Hälften. Sie sind an einem Griff befestigt und lassen sich auseinander klappen. Dieses Zubehör sollte immer groß genug sein, dass das Wasser die Teeblätter reichlich umspülen kann.

Eine Teezange sollte stets so groß sein, dass das heiße Wasser die Blätter umspülen kann.

Teebeigaben

Echte Teekenner trinken den Tee und vor allem den Grüntee ungesüßt, um das Aroma und die gesunde Wirkung zu erhalten. Wahrscheinlich sollte ursprünglich mit Zugaben von Zucker, Honig, Milch oder Zitrone der Geschmack von Teesorten minderer Qualität überdeckt werden. Den schwarzen Tee mit Milch und Zucker zu trinken, hat sich aus der englischen Tradition entwickelt. Auch die Holländer, die den Tee in Europa einführten, gaben in den starken schwarzen Tee Milch, um das Bittere ein wenig abzumildern.

Eine andere Erklärung für die Beigabe von Milch ist historischen Ursprungs. Mit dem ersten Teeschiff, das Europa erreichte, zählte auch chinesisches Porzellan zu dem Frachtgut. Da die Europäer fürchteten, der heiße Tee könnte die dünnwandigen Tassen beschädigen, gaben sie zuerst etwas kalte Milch in die Gefäße, um sie zu schützen und den Tee zu kühlen.

Bei den Teebeigaben kommt es vor allem auf die richtige Dosierung an. Doch ist es einfach eine Frage der persönlichen Vorliebe.

Alkohol

Ein guter Tee benötigt zwar keine Zugabe von Alkohol, doch gehört für manchen Teetrinker ein Schuss Rum oder auch wie in Schottland ein Gläschen Whisky zum Teevergnügen.

Honig

Beim Süßen mit Honig sollte man auf neutrale Sorten zurückgreifen.

Milch und Sahne

Milch oder Sahne sollte zuerst in die Tasse gegossen werden. So können sich keine Fettklümpchen bilden, wenn das siedende Wasser aufgegossen wird. Die Klümpchen würden den Geschmack des Tees verfälschen.

Weniger geeignet sind Kondensmilch und Kaffeerahm. Aber auch hier gibt es eingefleischte Teetrinker, die ihren Tee mit Kondensmilch bevorzugen.

Kandis wird oft anstelle von Zucker zum Süßen des Tees verwendet.

Süßstoff

Süßstoffe, die von Diabetikern und figurbewussten Menschen zum Süßen des Tees verwendet werden, sind stoffwechselneutral und enthalten meist keine Kalorien.

Zitrone

Mit etwas Zitronensaft werden herbe, kräftige Schwarzteesorten verträglicher, auch bleibt der bittere Nachgeschmack aus. Wenn Sie ganze Zitronenscheiben verwenden, dann sollten die Früchte auf jeden Fall unbehandelt sein.
Der Brauch, Zitronenscheiben in den Tee zu geben, entstand in Russland. Auf diese Weise wollte man wahrscheinlich den durch den Transport angenommenen Staubgeschmack im Tee überdecken.

Zucker

Weißer Kandis: Die großen Zuckerkristalle werden aus konzentrierten Zuckerlösungen gewonnen. Viele, sofern sie ihren Tee überhaupt süßen, verwenden gern weißen Kandiszucker. Andere nehmen ihn für Teesorten, die ihre helle Färbung behalten.
Brauner Kandis entsteht, wenn man hoch konzentrierte Zuckerlösung erhitzt, dabei karamellisiert und anschließend auskristallisiert.
Roh-Rohrzucker: Dieser teilraffinierte, hellbraune Zuckerrohr-Zucker färbt den Tee leicht dunkel und löst sich schnell auf.
Der übliche weiße **Haushaltszucker,** Raffinade genannt, wird aus sehr reiner Zuckerlösung gewonnen und ist in verschiedenen Körnungen im Angebot.

Glossar

Assam
In Nordindien liegendes größtes zusammenhängendes Teeanbaugebiet der Welt.

Attraktiv
Bezeichnet ein einheitliches Trockenblatt in Form und Farbe.

Blatttee
Bezeichnung für einen hochwertigen Tee, der aus ganzen und fast ungebrochenen Blättern besteht.

Blend (engl. Mischung)
Bezeichnung für eine Mischung aus mehreren Teesorten.

Body
Bezeichnet den Körper, einen Tee mit kräftigem Aroma.

Bold
Es bedeutet grob, das Trockenblatt entspricht nicht den Sortierungsgraden.

Bright
Hier ist eine kräftige helle Färbung gemeint.

Broken = B (engl. gebrochen)
Ein durch Rollen oder Schneiden zerkleinerter Blattgrad.

Broken Orange Pekoe = BOP
Bezeichnung für einen Tee mit hoher Qualität, der aus zerkleinerten und gebrochenen Blättern besteht.

Broken Pekoe = BP
Tee von mittlerer Qualität, der aus zerkleinerten und gebrochenen Blättern besteht.

Brownish
Ein trockenes Blatt mit brauner Färbung durch zu hohe Trockentemperatur.

Ceylon
Die ehemalige britische Kolonie ist drittgrößtes Teeanbaugebiet der Welt und nennt sich heute Sri Lanka.

Choppy
Der Begriff bedeutet zerhacktes Trockenblatt.

Clean
Sauberes Blattgut, ohne Stängel und Staubanteile, keine Unreinheiten. Beim aufgebrühten Tee bedeutet das: ohne störenden Beigeschmack.

Coarse
Mit störendem Beigeschmack.

Colour
Beschreibt die Färbung des Trockenblattes.

Contamination
Beeinträchtigung von Farbe und Geschmack.

Crepy
Bezeichnet ein gekräuseltes Trockenblatt.

CTC
(crushing = zerbrechen, tearing = zerreißen, curling = rollen)
Mit diesem neuen rationellen Verfahren kann der Fermentierungsvorgang verkürzt werden.

Curly
Bezeichnung für ein gedrehtes Trockenblatt.

Darjeeling
Teeanbaugebiet um die Stadt Darjeeling in Nordostindien. Hier werden die wertvollsten Teesorten der Welt produziert.

Dark
Dunkle Blattfärbung nach dem Aufguss.

Dry
Ein trockener Geschmackseindruck.

Dust
Fein zerriebene, ausgesiebte Teeblätter, die in der Teebeutelproduktion verwendet werden.

Earl Grey
Ein mit natürlichem Bergamottöl (Zitrusfrucht) aromatisierter Schwarztee.

Earthy
Bezeichnet einen erdigen, frischen Duft und Geschmack.

English Blend
Englische Schwarzteemischung, vorzugsweise aus Ceylon-, Darjeeling- und Assam-Sorten.

Even
Gleichmäßige Blätter bzw. Blattteile in Form und Farbe.

Fannings
Kleine Teepartikel, die durch Sieben gewonnen werden. Sie sind größer als Dust und kleiner als Broken. Sie werden meist für Aufgussbeutel verwendet.

Fermentation
Oxidationsvorgang bei der Produktion von Schwarztee. Bei diesem Prozess wird der Gerbsäuregehalt reduziert, die grünen Blätter färben sich rotbraun, und die Aromastoffe kommen zur Entfaltung.

First Flush
Bezeichnung für die erste Teeernte nach einer Pflückpause.

Flavour (engl. Geschmack)
Bezeichnung für das charakteristische Aroma des Tees.

Flowery
Bezeichnet das zarte, junge Trockenblatt.

Flowery Orange Pekoe = FOP
Bezeichnung für einen hochwertigen Tee, der aus dem noch nicht voll entwickelten Spitzenblatt hergestellt wird.

Flush (engl. Blüte)
Begriff für den neuen Trieb eines Teestrauches.

Fruity
Negativer fruchtiger Geschmack, verursacht durch bakterielle Infektion.

Gerbstoffe (Tannin)
Sie binden das Koffein von Grün- und Schwarztee und setzen es langsam frei. Außerdem wirken sie beruhigend auf Magen- und Darmschleimhaut.

Golden Flowery Orange Pekoe = GFOP
Bezeichnung für einen Darjeeling-Blatttee mit Blattspitzen und jungen Blättern.

Green
Unerwünschte Grünfärbung nach dem Aufguss durch zu kurzen Verarbeitungsprozess.

Gritty
Bezeichnet ein zu hartes trockenes Blatt.

Grüner Tee
Nur getrockneter, nicht fermentierter Tee. Die grüne Blattfarbe bleibt erhalten.

Gunpowder
Die Blätter des auch unter der Bezeichnung „Schießpulver" bekannten grünen Tees sind kugelförmig gerollt.

Hard
Bezeichnet einen harten, bitteren Geschmack.

High grown (engl. hoch gewachsen)
Dieser Hochlandtee zeichnet sich durch ein besonders feines und blumiges Aroma aus.

Indonesischer Tee
Der hauptsächlich aus Sumatra und Java stammende Tee wird vor allem zu Mischungen verwendet.

Irregular
Keine einheitlichen Blattgrade.

Kaltwettertee
Tee aus Assam, Südwestindien und Sri Lanka, der zwischen Januar und März gepflückt wird.

Kandis
Vor allem der weiße Kandis wird zum Süßen des Tees verwendet.

Kenia
Kenia ist das wichtigste afrikanische Teeanbaugebiet.

Kluntje
Die Bezeichnung des großen Kandis, mit dem vor allem in Ostfriesland der Tee gesüßt wird.

Koffein
Das im Tee enthaltene Koffein, früher Tein genannt, wird im Tee langsamer als im Kaffee freigesetzt. Dafür hält die Wirkung länger an.

Malty
Der Begriff für eine gute malzige Note.

Milled
Bezeichnet zermahlenes trockenes Blattgut.

Mixed
Unterschiedliche Färbung der Blätter oder verschiedene Sorten in einer Mischung.

Mouldy
Die Bezeichnung für schimmligen Geschmack.

Nilgiri
Südindisches Teeanbaugebiet mit Teegärten über 2000 Meter Höhe.

Oolong
Dieser auch als „Gelber Tee" bezeichnete halbfermentierte Tee wird meist in Taiwan und China produziert.

Orange Pekoe = OP
Blatttee aus den oberen feinsten Teilen des jungen Triebes.

Pekoe = P
Mit Pekoe wird das dritte Blatt abwärts von der Triebspitze bezeichnet.

Pekoe Souchong
Damit wird das vierte bis sechste Blatt abwärts von der Blattknospe bezeichnet.

Pu-Erh-Tee
Ein jahrelang mit Bakterien fermentierter Grüntee aus China, der auch als „Roter Tee" in den Handel kommt.

Regentee
Während der Regenzeit in Nordindien geernteter Tee von durchschnittlicher Qualität.

Roter Tee
Auch als Pu-Erh-Tee bekannt.

Samowar (Selbstkocher)
Dies ist ein vor allem in Russland gebräuchliches Gefäß zur Teezubereitung.

Scorched
Die Bezeichnung für trockenen Geschmack.

Second Flush
Tee mit einem kräftigen, würzigen Aroma, der von Mai bis Juni gepflückt wird.

Smokey
Rauchiger Geschmack, bedingt durch ein undichtes Trocknungsgerät.

Souchong
So werden großblättrige Teesorten mit breitem, offenen Blatt bezeichnet.

Teerose
Von der ersten Pflückung werden die zartesten Triebe zu Teerosen gebunden, die beim Aufbrühen ihre ganze Schönheit entfalten.

Teeschule
In diesen japanischen Einrichtungen kann durch speziell ausgebildete Teemeister die Kunst der Teezeremonie erlernt werden.

Teezeremonie
Die Teezeremonie entstand in Japan aus dem Zen-Buddhismus. Sie wird nach genauen rituellen Vorgaben durchgeführt.

Theophyllin
Schwarz- und Grüntee enthalten geringe Mengen dieser Substanz, die gefäß- und bronchienerweiternd wirkt.

Thin, weak
Eine dünne, schwache Infusion.

Tip (engl. Spitze)
So wird die Blatthülle der Knospe mit ihren feinen Härchen bezeichnet.

Tippy Golden Flowery Orange Pekoe = TGFOP
Ein Spitzentee aus Darjeeling mit einem hohen Anteil an Tips.

Toasty
Eine Beeinträchtigung der Farbe des Tees.

Trocknen
Dies ist der vierte Schritt bei der Schwarzteeproduktion. Nach der Fermentation wird das Blattgut mit Heißluft getrocknet.

Weißer Tee
Dieser edle, unfermentierte Tee wird in China aus jungen Blattknospen mit weißen Flaumhaaren hergestellt.

Welken
Bei diesem ersten Schritt der Teeverarbeitung wird dem Blattgut ein Teil des Wassers entzogen.

Well twisted
Es handelt sich um ein gut gerolltes Blatt.

Ziegeltee
Der vor allem wegen des einfacheren Transports in Russland, Tibet und Zentralasien gebräuchliche Ziegeltee wurde aus grobem Blatt und Dust zu Blöcken gepresst.

Impressum

Copyright © Parragon Books Ltd
Queen Street House
4 Queen Street
Bath BA1 1HE, UK

Layout: Ute Gierstorfer/Natalie Blei, alex media, Gierstorfer, Ferstl & Reichert GbR, Augsburg
Producing: Natalie Blei/Petra Hammerschmidt, alex media, Gierstorfer, Ferstl & Reichert GbR, Augsburg
Konzept: Ursula Mohr/Michaela Mohr
Lektorat: Michaela Mohr/Michael Kraft, mimo-booxx|textwerk., Augsburg; Konstanze Allnach, Augsburg

Printed in Malaysia

ISBN 1-40547-878-0

Bildnachweis

© Dave Bartruff/CORBIS 63 l., 64, 89; © Bettmann/CORBIS 19; © Bennett Dean; Eye Ubiquitous/CORBIS 23; © Free Agents Limited/CORBIS 39; © Historical Picture Archive/CORBIS 18; © Julie Houck/CORBIS 81; © Karen Kasmauski/Corbis 57; © Johansen Krause/Archivo Iconografico, SA/Corbis 16 o.; © Chris Lisle/CORBIS 27; © Frank Lukasseck/zefa/Corbis 43; Kai Mewes, München 4, 8, 10, 11, 12, 13, 14, 15, 16 u., 24, 28, 40, 41, 42, 44, 45, 46, 47, 48, 49, 50, 51, 52, 53, 54, 55, 56, 58, 59, 60, 61, 62, 63 r., 66, 67, 68, 69, 70, 71, 72, 73, 74, 75, 76, 77, 78, 79, 80, 82, 83, 84, 86, 87, 88, 90, 91, 93, 94, 95; © Richard Powers/CORBIS 34; © Stapleton Collection/CORBIS 21 o.; TeeGschwendner GmbH, Meckenheim 5, 7, 9, 20, 21 u., 22, 25, 26, 29, 30, 31, 32, 33, 35, 36, 37, 38, 85; © Underwood & Underwood/CORBIS 17

Danksagung

Unser ganz besonderer Dank gilt dem Teehaus „KanShoAn" der Urasenke-Schule, München, für die Durchführung der Teezeremonie und die freundliche Beratung,
Kai Mewes, München, für sein Engagement und die hervorragenden Fotografien,
Alexander Dirrichs, TeeGschwendner, München, für die Bereitstellung der Materialien und die kompetente Fachberatung
sowie der TeeGschwendner GmbH, Meckenheim, für die freundliche Unterstützung und die Bereitstellung des Bildmaterials.